ゆっくり学ぶ

60才からはじめる
英会話

元東京学芸大学名誉教授
野田 哲雄

明日香出版社

はじめに

　皆さんは英語は好きですか？
　本書は、英語は嫌いだった、または、英語は好きではなかった、英会話は苦手だ、でも、話せるようになりたい、英語を聞いてわかるようになりたい、これから英会話をやってみよう、という方のための本です。
　この本はシニア向けですが、年に関係なく、若い人も、気楽に取り組める本です。役に立つ、便利な表現がたくさんあります。
　日本の学校では、小学校から英語が始まりました。子供も大人も使って役に立つ表現を入れました。

　本書では、なるべく短い、簡単な、役に立つ表現がたくさんあります。文法は大切ですが、あまり文法を気にしないで言える表現、決まり文句をたくさん入れました。
　発音の補助のために、英文の上にカタカナ読みをつけました。なるべく英語に近くなるようにつけましたが、便宜的なものです。

　87場面において、それぞれ「基本文型」「役立つ表現」「会話」「解説」「発音チェック」があります。「解説」では、文法、語句、表現などについて説明しています。「発音チェック」では、発音の仕方、間違いやすい発音、聞き取りのコツなどの注意点を挙げてあります。
　「コーヒーブレイク」として、日本と英米、外国の文化の違い、考え方の差などに関して、知り合いや私の経験談、失敗談など、気軽に読んでもらえる、役に立つお話を入れました。

本書の使い方

「基本文型」
　文型練習の説明をしましょう。簡単な表現を置きかえて練習する、文型練習（パタン・プラクティス）をしていきます。似た表現を練習することによって、文型を覚えていきます。文型練習は、基本の文の語句を部分的に置きかえて練習するものです。

　例えば、「病気」（34 ページ）のところでは

　　　　　　　　　　　　　　アイ ハヴ ア スタマクエイク
　お腹が痛いです。　　**I have a stomachache.**
　　　　　　　　　　　　　　アイ ハヴ ア トゥースエイク
　　歯（a toothache）　　**I have a toothache.**
　　　　　　　　　　　　　　アイ ハヴ ア ヘデイク
　　頭（a headache）　　**I have a headache.**

上記のように、a stomachache の部分を a toothache や a headache に置きかえることにより、いろいろ表現することができます。

　今回、東京学芸大学の遠藤緑さん、堤美香さん、井田絢子さんにお手伝いしていただきました。また、野村出版研究所の野村隆生様に企画・編集、明日香出版社の石塚幸子様には企画・編集全般でお世話になりました。感謝します。

野田哲雄

📀 60才からはじめる英会話

はじめに
本書の使い方

Part 1 日常編

あいさつ
1　出会いのあいさつ …………………………………… 12
2　初対面のあいさつ …………………………………… 14
3　別れのあいさつ ……………………………………… 16

気持ちを伝える
1　お礼を言う …………………………………………… 18
2　おわびを言う ………………………………………… 20
3　お祝いを言う ………………………………………… 22
4　お悔やみを言う ……………………………………… 24

自分のことを話す
1　趣味 …………………………………………………… 26
2　好きなこと …………………………………………… 28
3　家族・居住状態 ……………………………………… 30
4　健康・体力作り ……………………………………… 32
5　病気（1） ……………………………………………… 34

6	病気（2）	*36*
7	病気（3）	*38*
8	けが	*40*
9	体調	*42*
10	通院・薬	*44*
11	病院（1）	*46*
12	病院（2）	*48*
13	食生活	*50*

身近な人のことを話す

1	恋愛・結婚・育児（1）	*52*
2	恋愛・結婚・育児（2）	*54*
3	恋愛・結婚・育児（3）	*56*
4	恋愛・結婚・育児（4）	*58*
5	家族（1）	*60*
6	家族（2）	*62*

天気について話す

1	天気（1）	*64*
2	天気（2）	*66*
3	天気（3）	*68*
4	天気（4）	*70*
5	天気・季節	*72*

時間について話す

1	時間（1）	*74*
2	時間（2）	*76*
3	時間（3）	*78*

4	時間（4）	80
5	時間（5）	82

学校・勉強について話す

1	学校・勉強（1）	84
2	学校・勉強（2）	86

仕事について話す

1	仕事（1）	88
2	仕事（2）	90

Part2 身近な話題

余暇の過ごし方

1	温泉・カラオケ	96
2	スポーツ（1）	98
3	スポーツ（2）	100
4	出かける（芝居、展覧会、お寺巡り）	102
5	孫と遊ぶ	104

一年の話題

1	日本の四季（1）春・夏	106
2	日本の四季（2）秋・冬	108

日常生活

1. ボランティア活動 …………………………………… 110
2. ペット ………………………………………………… 112
3. ガーデニング ………………………………………… 114
4. 近所付き合い・自治会 ……………………………… 116

老後の暮らし

1. 年金生活・老化現象 ………………………………… 118
2. 孫の世話 ……………………………………………… 120
3. 冠婚・葬祭（1） ……………………………………… 122
4. 冠婚・葬祭（2） ……………………………………… 124
5. 寿命・遺言 …………………………………………… 126

Part3 海外編

飛行機内で

1. 座席を聞く …………………………………………… 132
2. 飲み物・食べ物（1） ………………………………… 134
3. 飲み物・食べ物（2） ………………………………… 136
4. 毛布などを頼む ……………………………………… 138

入国する

1. 空港・税関で（1） …………………………………… 140
2. 空港・税関で（2） …………………………………… 142

観光地へ

1 場所を聞く……………………………………………… *146*
2 乗り物に乗る（1）…………………………………… *148*
3 乗り物に乗る（2）…………………………………… *150*

レストランで食事

1 料理を聞く……………………………………………… *152*
2 注文する………………………………………………… *154*
3 味つけ・量……………………………………………… *156*
4 支払い…………………………………………………… *158*

ショッピング

1 商品を探す……………………………………………… *162*
2 試着する………………………………………………… *164*
3 サイズ・色・デザイン………………………………… *166*
4 支払い…………………………………………………… *168*

ホテルで

1 チェックイン・チェックアウト（1）……………… *170*
2 チェックイン・チェックアウト（2）……………… *172*
3 ルームサービス………………………………………… *174*
4 部屋などについての希望（1）……………………… *176*
5 部屋などについての希望（2）……………………… *178*

体調について
1　持病・症状……………………………………………………… 180
2　薬を求める……………………………………………………… 182
3　病院へ行く……………………………………………………… 184

トラブル
1　持ち物を紛失した……………………………………………… 186
2　盗難・スリにあった…………………………………………… 188
3　道・場所を聞く………………………………………………… 190
4　困ったとき（1）……………………………………………… 192
5　困ったとき（2）……………………………………………… 194
6　困ったとき（3）……………………………………………… 196

コーヒーブレイク

◆　コミュニケーション …………………………………………… 92
◆　外国の街で気をつけたいこと ………………………………… 128
◆　海外へ ……………………………………………………………144
◆　食事をするとき ………………………………………………… 160
◆　ホテルなどで気をつけたいこと ……………………………… 198

<音声について>

Part1～3の各シーンの「基本文型」「役立つ表現」の日本語・英語、「会話」の英語のフレーズを収録しています。

音声データ（mp3形式）をダウンロードして、パソコン・携帯端末で聞くことができます。
https://www.asuka-g.co.jp/dl/isbn978-4-7569-1562-7

※音声の再生にはmp3ファイルを再生できる機器が必要です。ご使用の機器、音声再生ソフトに関するご質問はメーカーにお願いいたします。音声ダウンロードサービスは予告なく終了することがあります。
※図書館ご利用者も音声をダウンロードしてご使用できます。
※本書に関するお問い合わせは弊社ホームページからお願いいたします。

Part 1
日常編

1 出会いのあいさつ

日常編 —— あいさつ

CD-1

基本文型　Good 〜

おはよう。　　　　　　　Good morning.
　　　　　　　　　　　　（グ（ド）モーニング）

こんにちは。(afternoon)　Good afternoon.
　　　　　　　　　　　　（グダフタヌーン）

こんばんは。(evening)　 Good evening.
　　　　　　　　　　　　（グディーヴニング）

役立つ表現

やぁ。　　　　　　　Hi.
　　　　　　　　　　（ハイ）

こんにちは。　　　　Hello.
　　　　　　　　　　（ハロウ）

元気ですか？　　　　How are you?
　　　　　　　　　　（ハウ アー ユー）

元気にやっている？　How is it going?
　　　　　　　　　　（ハウ イズイト ゴウイング）

元気？　　　　　　　What's up?
　　　　　　　　　　（フワッ アプ）

ご主人は元気？　　　How is your husband?
　　　　　　　　　　（ハウ イズ ユア ハズバンド）

会話

A：おはよう、ケン。　　**Good morning, Ken.**
　　　　　　　　　　　　（グ（ド）モーニング　ケン）

　　元気？　　　　　　　**How are you?**
　　　　　　　　　　　　（ハウ　アー　ユー）

B：やー、メアリー。元気だよ。　**Hi, Mary. I'm OK.**
　　　　　　　　　　　　（ハイ　メアリィ　アイム　オウケイ）

　　君は？　　　　　　　**How about you?**
　　　　　　　　　　　　（ハウ　アバウト　ユー）

A：元気よ。　　　　　　**I'm pretty good.**
　　　　　　　　　　　　（アイム　プリティ　グド）

解説

Hello. よりもっと気軽にくだけて、Hi. と言います。

Good morning. は午前中、Good afternoon. は午後、Good evening. は夕方のあいさつです。I'm OK. や I'm not bad. などで、I'm の部分は略してもいいです。

〈発音チェック〉

Hi. は「ハーイ」のように言います。Good morning. では、d はほとんど聞こえなくて、「グ（ド）モーニング」、または「グ・モーニング」のように、Good afternoon. と Good evening. は、「グダフタヌーン」、「グディーヴニング」と言います。about you は「アバウトユー」、または同化して「アバウチュー」となります。

日常編 —— あいさつ

② 初対面のあいさつ　CD-2

基本文型　Let me 〜

自己紹介します。	レト　ミ　イントゥロデュース　マイセルフ **Let me introduce myself.**
友達を （my friend）	レト　ミ　イントゥロデュース　マイ　フレンド **Let me introduce my friend.**
妻を （my wife）	レト　ミ　イントゥロデュース　マイ　ワイフ **Let me introduce my wife.**

役立つ表現

はじめまして。	ハウ　ドゥ　ユ　ドゥー **How do you do?**
お会いできてうれしいです。	アイム　グラド　トゥ　ミー（ト）ユー **I'm glad to meet you.**
お会いできてうれしいです。	アイム　プリーズド　トゥ　ミー（ト）ユー **I'm pleased to meet you.**
お会いできてうれしいです。	イッ　ナイス　トゥ　ミー（ト）ユー **It's nice to meet you.**
こんにちは。よろしく。	ハロウ　ナイス　トゥ　ミー（ト）ユー **Hello. Nice to meet you.**
こちらが兄（弟）です。	ズィス　イズ　マイ　ブラザァ **This is my brother.**

会話

A：はじめまして。　　　　　How do you do?
（ハウ ドゥ ユ ドゥー）

B：はじめまして。　　　　　It's nice to meet you.
（イツ ナイス トゥ ミー (ト) ユー）

A：メアリー・スミスです。　I'm Mary Smith.
（アイム メアリィ スミス）

　メアリーと呼んでください。Call me Mary.
（コール ミ メアリィ）

B：名前は野村健一です。　　My name is Nomura Kenichi.
（マイ ネイム イズ ノムラ ケンイチ）

　ケンと呼んでください。　Call me Ken.
（コール ミ ケン）

解説

　How do you do? は、かなりあらたまった表現です。Hello. や Hi. などがよく使われます。I'm glad to meet you. It's nice to meet you. の I'm や It's はよく省略されます。自分の名前を言うときは、I am (I'm) 〜 , My name is 〜 などと言います。

> 〈発音チェック〉
> meet you では「ミー(ト)ユー」の「ト」がほとんど聞こえなかったり、同化して「ミーチュー」と発音されることがあります。I am「アイアム」は、短縮形 I'm「アイム」と発音されます。

日常編 —— あいさつ

③ 別れのあいさつ　CD-3

基本文型　See you 〜

	スィー　ユ　アゲン
じゃーまた。	See you again.
あとで。(later)	See you later.
すぐに。(soon)	See you soon.

役立つ表現

またね。	See you. / See ya.
今週末ね。	See you this weekend.
来週の土曜日ね。	See you next Saturday.
それでは昼食に。	See you at lunch.
じゃぁ、また。	So long.
バイバイ。	Bye. / Bye-bye.

会話

A：じゃーね、メアリー。　See you, Mary.
（スィー　ユ　メアリィ）

B：また後で、ケン。　See you later, Ken.
（スィー　ユ　レイタァ　ケン）

A：良い週末を。　Have a good weekend.
（ハヴア　グド　ウィークエンド）

B：あなたも。　You, too.
（ユー　トゥー）

楽しんでね。　Have fun.
（ハヴ　ファン）

解説

　See you. はもっとくだけると、See ya. と言います。Bye./ Bye-bye. は Goodbye. を略したものです。Goodbye. / Goodby.（Good-by(e).）は、God be with ye（= you). （神があなたとともにいますように（神の御加護があるように））の省略形です。

〈発音チェック〉
　see は「シー」ではなく、「スィー」です。See ya. は「スィーヤ」です。goodbye の d はほとんど聞こえません。それがないかのように、「グ（ド）バイ」、または、「グ・バイ」に近いです。

日常編　あいさつ ③ 別れのあいさつ

17

日常編 ── 気持ちを伝える

1 お礼を言う CD-4

基本文型　Thank you for 〜

待っていてくれてありがとう。
Thank you for waiting.

電話をくれて (calling)
Thank you for calling.

手伝ってくれて (your help)
Thank you for your help.

役立つ表現

来てくれてありがとう。
Thank you for coming.

プレゼントをありがとう。
Thank you for the present.

いろいろとありがとう。
Thank you for everything.

どうもありがとう。
Thank you very much.

どうもありがとう。
Thanks a lot.

感謝してもしきれません。
I can't thank you enough.

会話

A：手伝ってくれてありがとう。**Thank you for helping me.**
（サンキュ フォ ヘルピング ミー）

B：どういたしまして。**Don't mention it.**
（ドント メンション イト）

C：ありがとう。**Thanks a lot.**
（サンクス ア ラト）

D：どうも。**Any time.**
（エニィ タイム）

解説

「感謝、お礼」は thank you for ～で、thanks はくだけた言い方です。for の後は名詞、または動詞の ing 形が使われます。「どういたしまして」は、You're welcome. Not at all. など、くだけた場合は、Sure. Any time. などがあります。

> 〈発音チェック〉
> thank の th の発音は、歯と歯の間からちょっと舌を出して発音します。thank you は「サンキュ」とつなげて言いましょう。Not at all. は一息に「ナタトール」に近く言うといいですね。

2 おわびを言う

日常編 —— 気持ちを伝える

CD-5

基本文型　I'm sorry ～

面倒をかけて
ごめんなさい。
アイム ソーリィ トゥ バザァ ユー
I'm sorry to bother you.

待たせて
(for making you wait)
アイム ソーリィ フォ メイキング ユ ウエイト
I'm sorry for making you wait.

お手数かけて
(for the trouble)
アイム ソーリィ フォ ザ トゥラブル
I'm sorry for the trouble.

役立つ表現

すみません。
イクスキューズ ミー
Excuse me.

すみません。
パードゥン ミー
Pardon me.

申し訳ありません。
アイ アパロヂャイズ
I apologize.

すみません。
アイム ソーリィ
I'm sorry.

遅くに電話してごめんなさい。
アイム ソーリィ トゥ コール ユ レイト
I'm sorry to call you late.

待たせてごめんなさい。
アイム ソーリィ アイ ケプト ユ ウエイティング
I'm sorry I kept you waiting.

20

会話

A：遅れてごめんなさい。
アイム ソーリィ アイム レイト
I'm sorry I'm late.

B：いいよ。
ザツ オゥケイ
That's OK.

どうしたの？
フワト ハプンド
What happened?

A：ちょっと事故があって。
アイ ハド アン アクスデント
I had an accident.

B：それは大変だ。
オゥ ザツ トゥー バド
Oh, that's too bad.

けがは？
ワァ ユ ハ～ト
Were you hurt?

解説

　sorry のあとは「to ＋動詞の原形」、「for ＋動詞の ing 形」、「that＋節（文）」、または、that が略されることがよくあります。excuse me の excuse は動詞で、動詞の発音は「イクスキューズ」、名詞の場合の発音は「イクスキュース」です。

> 〈発音チェック〉
> excuse me「イクスキューズ　ミー」、pardon「パードゥン」などと、アクセントの位置に注意しましょう。pardon「パードゥン」の「ド」はほとんど聞こえなくて、「パー・ン」に近くなることがあります。

3 お祝いを言う

日常編 ―― 気持ちを伝える

CD-6

基本文型　Congratulations on ～

ご結婚おめでとう。	Congratulations on your marriage.
試験合格（passing the exam）	Congratulations on passing the exam.
大学入学（getting into college）	Congratulations on getting into college.

役立つ表現

おめでとう！	Congratulations!
ご婚約おめでとう。	Congratulations on your engagement.
幸運を祈っています。	I wish you good luck.
ご多幸を。	Best wishes.

会話

A：昇進おめでとう。　**Congratulations on your promotion.**
（コングラチュレイションズ オン ユア プロモウション）

B：ありがとう。　**Thanks.**
（サンクス）

A：これから何をするつもり？　**What are you going to do then?**
（フワト ア ユ ゴウイング トゥ ドゥ ゼン）

B：そうだね、もっと英語の勉強をしなくちゃ。　**Well, I've got to improve my English a lot more.**
（ウェル アイヴ ガト トゥ インプルーヴ マイ イングリシ ア ラト モア）

解説

congratulations では、語尾に s をつけるのが慣用です。on の後は動詞の ing 形、または名詞を使います。good luck だけでもいいです。exam は examination（試験）を短くしたものです。

〈発音チェック〉
congratulations は「コングラチュレイションズ」、exam は「イグザム」、promotion は「プロモウション」、engagement は「エンゲイヂメント」と発音します。

日常編　気持ちを伝える ③ お祝いを言う

23

日常編 ── 気持ちを伝える

❹ お悔やみを言う　CD-7

基本文型　I'm sorry 〜

お兄様の件お気の毒です。	I'm sorry about your brother.	アイム ソーリィ アバウト ユア ブラザァ
お姉様の件 (about your sister)	I'm sorry about your sister.	アイム ソーリィ アバウト ユア スィスタァ
それを聞いて残念です。 (to hear that)	I'm sorry to hear that.	アイム ソーリィ トゥ ヒア ザト

役立つ表現

とても残念です。	I'm very sorry.	アイム ヴェリィ ソーリィ
お気の毒です。	That's too bad.	ザッツ トゥー バド
ご愁傷様です。	My condolences.	マイ コンドゥレンスィズ
お気の毒に。	My sympathies.	マイ スィンパスィズ
心中ご察しいたします。	I really sympathize with you.	アイ リアリィ スィンパサイズ ウィズ ユー

24

会話

A：お兄様が亡くなられて、お悔やみ申し上げます。
<ruby>I'm sorry to hear that your brother passed away.<rt>アイム ソーリィ トゥ ヒア ザト ユア ブラザァ パスト アウェイ</rt></ruby>

B：とても寂しいです。
<ruby>I miss him so much.<rt>アイ ミス ヒム ソゥ マチ</rt></ruby>

A：安らかに眠られることを祈ります。
<ruby>May he rest in peace!<rt>メイ ヒ レスト イン ピース</rt></ruby>

B：ありがとう。
<ruby>Thank you.<rt>サンキュー</rt></ruby>

解説

　sorry のあとは「about+名詞」、「to+動詞」が使われます。condolences、sympathies のように、よく複数形が使われます。pass away（亡くなる）は die（死ぬ）の婉曲表現です。May he rest in peace! は、祈願、願望の表現で、疑問文ではありません。

〈発音チェック〉
die は動詞「ダイ」、death は名詞「デス」です。sympathy「スィンパスィ」、sympathies「スィンパスィズ」。「シンパシー」とならないように気をつけましょう。condolence「コンドウレンス」です。

日常編 ── 自分のことを話す

① 趣味　CD-8

基本文型　I like to 〜

散歩が好きです。
アイ ライク トゥ テイクア ウォーク
I like to take a walk.

ジョギング
（go jogging）
アイ ライク トゥ ゴウ ヂャギング
I like to go jogging.

買い物
(go shopping)
アイ ライク トゥ ゴウ ショピング
I like to go shopping.

役立つ表現

ウォーキングが好きです。
アイ ライク トゥ ゴウ ウォーキング
I like to go walking.

釣りに行くのが好きです。
アイ ライク ゴウイング フィシング
I like going fishing.

読書が好きです。
アイ ライク リーディング
I like reading.

料理が好きです。
アイ エンヂョイ クキング
I enjoy cooking.

ラーメンやうどんが大好きです。
アイ ライク ラーメン アンド ヌードゥルズ
I like *ramen* and noodles
ヴェリィ マチ
very much.

26

会話

A：暇な時に何をする？ What do you do in your free time?
（フワト ドゥ ユ ドゥー インユア フリー タイム）

B：えーと、よく歩きますよ。 Well, I often go walking.
（ウエル アイ オフン ゴウ ウォーキング）

A：他に何をしますか？ What else do you do?
（フワト エルス ドゥ ユ ドゥー）

B：ジムに行って泳ぎます。 I go to the gym and swim.
（アイ ゴゥ トゥ ザ ヂム アンド スウィム）

日常編　自分のことを話す　①趣味

解説

「like to ＋動詞」、「like ＋ 動詞 ing」の両方が使われます。enjoy は 動詞 ing だけです。go jogging, go walking のように、「go ＋動詞 ing」と表現します。

〈発音チェック〉
ローマ字式に walk「ワーク」、work「ウォーク」ではなく、walk「ウォーク」、work「ワ〜ク」に近い発音です。cook は「コック」ではなく、「クク」に近いです。often は t を発音しない「オフン」、発音する「オフトゥン」の両方があります。

27

日常編 —— 自分のことを話す

2 好きなこと　CD-9

基本文型　I like ～

私は将棋が好きです。
アイ ライク プレイング ショウギィ
I like playing *shogi*.

チェス（chess）
アイ ライク プレイング チェス
I like playing chess.

碁（go）
アイ ライク プレイング ゴゥ
I like playing *go*.

役立つ表現

ピアノを弾くのが好きです。
アイ ライク プレイング ザ　ピアノウ
I like playing the piano.

ゲートボールをするのが好きです。
アイ ライク トゥ プレイ ゲイトゥボール
I like to play gateball.

よくテレビを観ます。
アイ オーフン ワチ ティーヴィー
I often watch TV.

クラシック音楽を聴くのが好きです。
アイ ライク リスニング トゥ
I like listening to
クラスィカル　ミューズィク
classical music.

趣味は読書と映画鑑賞です。
マイ　ハビィズ　ア　リーディング
My hobbies are reading
アンド ワチング　ムーヴィズ
and watching movies.

28

会話

A：チェスをよくします。
アイ オーフン プレイ チェス
I often play chess.

あなたは？
ハウ アバウト ユー
How about you?

B：碁が好きです。
アイ ライク プレイング ゴウ
I like playing *go*.

他に何をしますか？
フワット エルス ドゥ ユ ドゥー
What else do you do?

A：テニスとピアノもやります。
アイ プレイ テニス アンド プレイ ザ ピアノ トゥー
I play tennis and play the piano, too.

B：わー、すごい！
ワウ グレイト
Wow, great!

解説

like の後は、to と ing の両方使えます。ゲームは play *shogi*、運動は play tennis ですが、楽器は play the piano と、前に the をつけます。「クラシック音楽」は classical music と言います。gateball「ゲートボール」は日本で生まれた競技のようですね。

> 〈発音チェック〉
> classical は｜クラシカル」ではなく「クラスィカル」です。music は「ミュージック」ではなく、「ミューズィク」です。

29

3 家族・居住状態

日常編 ── 自分のことを話す

CD-10

基本文型　I'm ~

私は独身です。	アイム スィングル **I'm single.**
結婚しています。(married)	アイム マリィド **I'm married.**
離婚しています。(divorced)	アイム ディヴォースト **I'm divorced.**

役立つ表現

私は主婦です。	アイ アム ア ホウムメーカー **I am a homemaker.**
私はバイトをやっています。	アイ ハヴァ パート タイム ヂャブ **I have a part-time job.**
婚約しています。	アイム エンゲイヂド **I'm engaged.**
4人家族です。	ゼア ア フォー ピープル イン マイ ファミリィ **There are four people in my family.**
マンションに住んでいます。	ウィ リヴ イン ア カンドミニアム **We live in a condominium.**

30

会話

A：やあ、元気だった？
ハイ ハウ ハヴ ユ ビン
Hi, how have you been?

B：元気よ。
アイム オウケイ
I'm OK.

ねー、娘が婚約したの。
ユ ノウ マイ ドータァ
You know, my daughter
ガト エンゲイヂド
got engaged.

A：すごい、おめでとう！
ワウ コングラチュレイションズ
Wow, congratulations!

B：ありがとう。
サンクス
Thanks.

とても幸せよ。
シ イズ ヴェリィ ハピィ
She is very happy.

解説

be engaged は「婚約している」、「結婚する」は get married と言います。Will you marry me?「結婚してください」は決まり文句（？）ですね。「ジェーンと結婚する」は marry Jane で、日本語につられて with は使いません。

〈発音チェック〉
single は「シングル」ではなくて、語尾の le は「ウ」に近くなって「スィングウ」に近く聞こえます。get married の d はほとんど聞こえません。「ゲ・マリィ・」に近く聞こえます。engaged は「エンゲイヂド」です。

31

4 健康・体力作り

日常編 —— 自分のことを話す

CD-11

基本文型　I go ～

私は**ウオーキング**をします。	アイ ゴゥ ウォーキング **I go walking.**
水泳（swimming）	アイ ゴゥ スウィミング **I go swimming.**
ボウリング（bowling）	アイ ゴゥ ボウリング **I go bowling.**

役立つ表現

どんな運動をしますか？	フワット　カインド オブ エクササイズ **What kind of exercise** ドゥ ユ　　ドゥー **do you do?**
腕立て伏せを毎日50回します。	アイ ドゥ フィフティ プシアプス **I do fifty push-ups** エヴリィ　デイ **every day.**
冬にはいつもスキーに行きます。	アイ ゴゥ スキーイング エヴリィ ウィンタァ **I go skiing every winter.**
私は早起きです。	アイ ウェイク アプ アーリィ **I wake up early.**
ダイエットをしています。	アイム オン ア ダイエット **I'm on a diet.**
具合が悪いです。	アイ フィール スィク **I feel sick.**

32

会話

A：調子はどうですか？ How's your health?
（ハウズ ユア ヘルス）

B：いいですよ。 I'm in good shape.
（アイム イン グド シェイプ）

運動してるから。 I exercise.
（アイ エクササイズ）

A：あら、どんな運動をしてるの？ Oh, what exercise do you do?
（オウ ウワト エクササイズ ドゥユ ドゥー）

B：ジョギングをしたり、ジムに行ったり。 I go jogging and go to the gym.
（アイ ゴウ ヂャギング アンド ゴウ トゥ ザ ヂム）

解説

「運動する」は exercise（動詞）、または、do exercise とも言えます。go walking, go skiing のように、「go ＋動詞 ing」の形は便利です。I walk, ski などとも言えます。しかし、play swimming とは言いません。

〈発音チェック〉
sick は「シック」ではなく、「スィク」に近いです。swim「スイム」ではなくて、w を発音して「スウィム」、swimming は「スウィミング」となります。bowling「ボーリング」ではなくて、「ボウリング」です。

33

5 病気（1）

日常編 —— 自分のことを話す

CD-12

基本文型　I have 〜

	アイ ハヴ ア スタマクエイク
お腹が痛いです。	I have a stomachache.
歯（a toothache）	I have a toothache. アイ ハヴ ア トゥースエイク
頭（a headache）	I have a headache. アイ ハヴ ア ヘデイク

役立つ表現

	アイ ハヴ ア バクエイク
腰が痛いです。	I have a backache.
耳が痛いです。	I have an earache. アイ ハヴ アン イアエイク
熱があります。	I have a fever. アイ ハヴ ア フィーヴァ
風邪をひいた。	I have a cold. アイ ハヴ ア コウルド
咳が出ます。	I have a cough. アイ ハヴ ア コフ
のどが痛いです。	I have a sore throat. アイ ハヴ ア ソア スロウト

会話

A：どうなさいましたか？	フワト　スィームズ　トゥビ　ザ **What seems to be the** トゥラブル **trouble?**
B：気分が悪いのです。	アイ ドウント フィール ウェル **I don't feel well.**
A：体温を測ってみましょう。	レト　ミ　テイク　ユア **Let me take your** テンペレチァ **temperature.**
B：風邪ですか？	ハヴ　アイ ガト ア コウルド **Have I got a cold?**

解説

「病気にかかっている」は「have a ＋病名」で表します。慣用的に a をつけます。〜 ache は名詞で、単独で動詞としても使われます。have a cold「風邪をひいている」では、cold は名詞で「風邪」です。「風邪をひく」は catch（a）cold です。

> 〈発音チェック〉
> stomach はローマ字式に「ストマク」ではなく、「スタマク」に近くなります。ache は「エイク」と発音します。stomachache 全体で「スタマケイク」に近くなります。have a をつなげて、「ハヴァ」のように発音するといいでしょう。

日常編 —— 自分のことを話す

病気（2）　CD-13

基本文型　I have ～

不眠症です。　　　　　I have insomnia.

日射病（sunstroke）　 I have sunstroke.

花粉症（hay fever）　 I have hay fever.

役立つ表現

下痢です。　　　　　　I have diarrhea.

アレルギーがあります。　I have allergies.

糖尿病です。　　　　　I have diabetes.

じんましんです。　　　I have hives.

肩こりです。　　　　　I have stiff shoulders.

インフルエンザです。　I have the flu.

会話

A：どうしましたか？
フワツ　ザ　プラブレム
What's the problem?

B：くしゃみが止まらなくて。
アイ キャント スタプ スニーズィング
I can't stop sneezing.

A：インフルエンザですね。
ユ　マスト　ハヴ　ザ　フルー
You must have the flu.

B：薬を飲まないと
　　いけませんか？
ドゥ アイ ハフ　トゥ テイク
Do I have to take
メデスン
medicine?

解説

「have+病名」は無冠詞です。ただし、have the flu は、しばしば慣用として定冠詞 the が使われます。flu は influenza を短く、略したものです。日本人の多くがかかる「花粉症」は hay fever「ヘイ　フィーヴァ」に相当します。

〈発音チェック〉
influenza は「インフルエンザ」ですが、flu は「フルー」と長く発音されます。allergies「アラヂィズ」、diabetes「ダイアビーティス、ダイアビーティーズ」と発音します。have to「ハヴトゥ」は同化して v が f となって「ハフトゥ」となります。

日常編　自分のことを話す　⑥　病気(2)

7 病気（3）

日常編 —— 自分のことを話す

CD-14

基本文型　My ~ hurts.

足が痛い。	My leg hurts. マイ レグ ハーツ
目 (eye)	My eye hurts. マイ アイ ハーツ
背中 (back)	My back hurts. マイ バク ハーツ

役立つ表現

頭が痛い。	My head aches. マイ ヘド エイクス
歯が痛い。	My tooth aches. マイ トゥース エイクス
耳がかゆい。	My ear itches. マイ イア イチィズ
耳がかゆい。	My ear is itchy. マイ イア イズ イチィ
手がしびれている。	My hand is asleep. マイ ハンド イズ アスリープ
足がしびれた。	My legs have gone to sleep. マイ レグズ ハヴ ゴーン トゥ スリープ
私はひざが悪いです。	I have bad knees. アイ ハヴ バド ニーズ

会話

A：具合はどうですか？
ハウ　ア　ユ　フィーリング
How are you feeling?

B：右目がかゆいです。
マイ ライト アイ イチィズ
My right eye itches.

A：目薬をさしてみましょう。
アイル プト サム　　アイ ドゥロプス
I'll put some eye drops
イントゥ ユア　アイ
into your eye.

B：ずっと良くなりました。
ナウ　アイ アム　フィーリング　マチ
Now I am feeling much
ベタァ
better.

解説

「体の部分＋動詞」の表現です。My ear（主語）hurts（動詞）．で、「耳が痛い」。I have an earache.「耳痛を持つ→耳が痛い」と同じ意味です。「目がかゆい」は my eye + itches（動詞）と、my eye is + itchy（形容詞）、両方の表現ができます。be asleep, go to sleep は「しびれている、しびれる」です。

〈発音チェック〉
hurt「ハ～ト」、hurts「ハ～ツ」と口を狭くして発音します。itch「イチ」、itches「イチィズ」、形容詞 itchy は「イチィ」と発音します。sleep は動詞で「スリープ」、asleep は形容詞で「アスリープ」となります。

8 けが

日常編 —— 自分のことを話す

CD-15

基本文型 I ~ my finger.

指を切った。	I cut my finger.
火傷した（burned）	I burned my finger.
折った（broke）	I broke my finger.

役立つ表現

足を折った。	He broke his leg.
手首をひねった。	I twisted my wrist.
足首をねんざした。	I sprained my ankle.
彼女は首をひねった。	She sprained her neck.
彼は頭を打った。	He hit his head.
彼は転んでひざを打撲した。	He fell and bruised his knee.

40

会話

A：指から血が出ていますよ。
ユア　フィンガァ イズ ブリーディング
Your finger is bleeding.

B：ナイフで指を切ったんです。
アイ カト マイ フィンガァ ウイズ ア
I cut my finger with a
ナイフ
knife.

A：気をつけてね。
テイク　ケア
Take care.

B：ありがとう、気をつけます。
サンクス　　アイ ウィル
Thanks, I will.

解説

bleed は動詞で「血が出る」、blood は名詞で「血」です。cut は現在形、過去形、過去分詞とも同じ形です。hit も活用は同じです。break 現在形、broke 過去形、fall 現在形、fell 過去形です。

〈発音チェック〉
finger は「フィンガァ」のように「ガ」の音です。burn は口を狭くして、「バ〜ン」のように発音します。bruise、bruised は「ブルーズ」、「ブルーズド」です。twist「トゥウイスト」、twisted「トゥウイスティド」、wrist「リスト」です。

日常編 ── 自分のことを話す

⑨ 体調　CD-16

基本文型　I'm ～

具合が悪いです。　　I'm sick.（アイム スィク）

眠いです。(sleepy)　I'm sleepy.（アイム スリーピィ）

疲れています。(tired)　I'm tired.（アイム タイアド）

役立つ表現

近眼です。　　I'm near-sighted.（アイム ニア サイティド）

遠視です。　　I'm far-sighted.（アイム ファーサイティド）

目まいがします。　I'm dizzy.（アイム ディズィ）

アレルギーです。　I'm allergic.（アイム アラ～ヂク）

吐き気がします。　I'm nauseous.（アイム ノーシャス）

寒いです。　　I feel cold.（アイ フィール コウルド）

会話

A：眠いです。
アイム スリーピィ
I'm sleepy.

B：昨夜、何時に寝たの？
フワト タイム ディヂユ ゴゥ
What time did you go
トゥベド ラスト ナイト
to bed last night?

A：2時に寝たよ。
アイ ウェント トゥベド アト トゥー
I went to bed at two.

B：今日は早く寝なさいよ。
ゴウ トゥ ベド アーリィ トゥデイ
Go to bed early today.

解説

「be動詞／feel+形容詞」の表現です。near-sighted「近視だ」、far-sighted「遠視だ」、tired「疲れている」、などdや（e）dがついたものは過去分詞で、形容詞の働きをしています。cold「寒い」、chilly「寒い、肌寒い」は形容詞です。

〈発音チェック〉
sick は「シック」ではなく、「スィク」に近く発音します。allergy は日本語では「アレルギー」ですが「アラヂィ」、形容詞は allergic「アラーヂク」となります。nauseous は「ノーシャス、ノーズィアス」です。did you は「ディドユ」、または同化して「ティヂユ」となります。

⑩ 通院・薬

日常編 ── 自分のことを話す

CD-17

基本文型　You look ～

疲れているようですね。	You look tired.
顔色が良くない (pale)	You look pale.
眠そう (sleepy)	You look sleepy.

役立つ表現

私はよく風邪をひく。	I often catch a cold.
ちょっと風邪をひいた。	I've caught a slight cold.
具合はどう？	How do you feel?
毎週、病院に行かなくてはならない。	I have to go to the hospital every week.
私はこの薬を1日3回飲む。	I take this medicine three times a day.

会話

A：疲れているようですね。　You look tired.
　　　　　　　　　　　　　（ユ ルク タイアド）

B：残業をしないと　　　　I have to work overtime.
　　いけないんだ。　　　　（アイ ハフトゥ ワーク オウヴァタイム）

A：あら、それはお気の毒。　Oh, that's too bad.
　　　　　　　　　　　　　（オゥ ザッツ トゥー バド）

B：今日は早く帰って休もう。Today I'll go home early
　　　　　　　　　　　　　（トゥデイ アイル ゴウ ホウム アーリィ）
　　　　　　　　　　　　　and take a rest.
　　　　　　　　　　　　　（アンド テイク ア レスト）

解説

「look+形容詞」で「〜のようだ、ように見える」の表現です。tired「疲れてる」、pale「顔色が良くない、青白い」は形容詞です。have a cold、catch（a）cold の cold はここでは名詞で「風邪」です。「薬を飲む」は take medicine と言います。

〈発音チェック〉
pale は「ペール」よりは「ペイル」に近いです。medicine は「メディスン、メデスン」と発音されます。slight は「スライト」、overtime は「オウヴァタイム」です。have to は「ハフトゥ」となります。

日常編 —— 自分のことを話す
⑪ 病院（1） CD-18

基本文型　I'd like to ～

<u>お医者さん</u>を呼んでください。	アイドゥ ライク トゥ コール ア ダクタァ I'd like to call a doctor.
看護婦さん (a nurse)	アイドゥ ライク トゥ コール ア ナース I'd like to call a nurse.
救急車 (an ambulance)	アイドゥ ライク トゥ コール アン アンビュランス I'd like to call an ambulance.

役立つ表現

お医者さんに診てもらいたい。	アイドゥ ライク トゥ スィー ア ダクタァ I'd like to see a doctor.
お医者さんを呼びに行ってください。	アイドゥ ライク トゥ センド フォア ダクタァ I'd like to send for a doctor.
注射をしましょう。	アイル ギヴ ユ ア ショト I'll give you a shot.
検査しましょう。	アイル ギヴ ユ ア チェカプ I'll give you a check-up.
熱を測りましょう。	アイル チェク ユア テンペレチァ I'll check your temperature.

46

会話

A：お医者さんに診てもらいたいです。
アイドライク トゥ スィー ア ダクタァ
I'd like to see a doctor.

B：どうしました？
フワッツ ザ プラブレム
What's the problem?

A：診断をしてもらいたいんです。
アイドライク トゥ ハヴ ア チェカプ
I'd like to have a check-up.

B：酒は控えめにね。
トゥライ ナト トゥ ドゥリンク トゥー マチ
Try not to drink too much.

解説

see a doctor は「医者を見る、医者に会う」→「医者に診てもらう、診断してもらう」という表現です。call は「(電話などで) 呼ぶ」、send for「呼びに行く、呼びに行かせる」という表現です。

〈発音チェック〉
check up（動詞）「チェカプ」は「カ」を強く、アクセントがあり、check-up（名詞）「チェカプ」は「チェ」を強く発音します。

12 病院（2）

日常編 —— 自分のことを話す

CD-19

基本文型　They ~ the hospital.

彼らは入院する。　**They go to the hospital.**
（ゼイ　ゴウ　トゥ　ザ　ハスピタル）

入院中だ　**They are in the hospital.**
(are in the hospital)
（ゼイ　ア　イン　ザ　ハスピタル）

退院した　**They are out of the hospital.**
(are out of the hospital)
（ゼイ　ア　アウト　オヴ　ザ　ハスピタル）

役立つ表現

歯医者に行きたい。	**I'd like to go to the dentist.**（アイド ライク トゥ ゴウ トゥ ザ デンティスト）
彼女の見舞いに行きたい。	**I'd like to visit her in the hospital.**（アイド ライク トゥ ヴィズィト ハ イン ザ ハスピタル）
虫垂炎（盲腸炎）かもしれない。	**It might be appendicitis.**（イト マイト ビ アペンディサイティス）
便秘です。	**I'm constipated.**（アイム カンスティペイティド）
胃がむかむかします。	**I have an upset stomach.**（アイ ハヴ アン アプセト スタマク）

48

会話

A：どのくらい入院していたの？
How long have you been in the hospital?
（ハウ　ロング　ハヴ　ユ　ビン　イン　ザ　ハスピタル）

B：約1週間です。
For about a week.
（フォ　アバウト　ア　ウィーク）

盲腸の手術をしたよ。
I had an operation for appendicitis.
（アイ　ハド　アン　アペレイション　フォ　アペンディサイティス）

A：もう大丈夫ですか？
Are you feeling okay now?
（ア　ユ　フィーリング　オウケイ　ナウ）

解説

「入院する / している」は go to the hospital（米）/ go to hospital（英）、in the hospital（米）/ in hospital（英）の言い方があって、イギリス英語では冠詞を使いません。

〈発音チェック〉
appendicitis「アペンディサイティス」と発音します。constipated は「カンスティペイティド」と発音します。operation は「アペレイション」です。

13 食生活

日常編 —— 自分のことを話す

CD-20

基本文型　My favorite food is ～

大好きな食べ物は寿司です。
マイ　フェイヴァリト　フード　イズ　スーシ
My favorite food is *sushi*.

すき焼き（*sukiyaki*）
マイ フェイヴァリト フード　イズ スキヤキ
My favorite food is *sukiyaki*.

ステーキ（steak）
マイ フェイヴァリト フード　イズ ステイク
My favorite food is steak.

役立つ表現

あなたの大好きな食べ物は何ですか？	ワッツ　ユア　フェイヴァリト フード **What's your favorite food?**
どんな食べ物が好きですか？	ワト　カインド オヴ フード ドゥ ユ ライク **What kind of food do you like?**
大好きな食べ物は天ぷらです。	マイ フェイヴァリト フード イズ テンプラ **My favorite food is *tempura*.**
食欲がありません。	アイ ハヴ　ノウ アペタイト **I have no appetite.**
食欲があります。	アイ ハヴ　ア グレイト　アペタイト **I have a great appetite.**

50

会話

A：大好きな食べ物は何ですか？
What's your favorite food?
（フワツ　ユア　フェイヴァリト　フード）

B：寿司が大好きです。
I love *sushi* very much.
（アイ ラヴ　スーシ　ヴェリィ マチ）

A：近くに良いレストランはありますか？
Is there a good restaurant near here?
（イズ ゼア　ア グド　レストラント／ニア　ヒア）

B：いい回転寿司がありますよ。
There's a good conveyor-belt *sushi* bar.
（ゼアズ　ア グド　コンベイヤ　ベルト／スーシ　バー）

解説

favorite は「一番好き、大好き」という意味です。「回転寿司」は conveyor-belt *sushi* bar、revolving *sushi* bar（shop）などの言い方があります。

> 〈発音チェック〉
> favorite は「フェイヴァリト」です。*sushi* は、英語では「スシ」、また「スーシ」と発音するようですね。what's は「フワツ」ですが、「ツ」がちゃんと言えてない人がいます。

日常編　自分のことを話す　⑬ 食生活

51

日常編 —— 身近な人のことを話す

1 恋愛・結婚・育児（1） CD-21

基本文型　I ～ in love with ～

私は彼女に恋してる。	アイ アム イン ラヴ ウィズ ハー **I am in love with her.**
恋した（fell）	アイ フェル イン ラヴ ウィズ ハー **I fell in love with her.**
一目ぼれした （at first sight）	アイ フェル イン ラヴ ウィズ ハー アト ファースト サイト **I fell in love with her at first sight.**

役立つ表現

私たちは愛し合っています。	ウィ ア イン ラヴ **We are in love.**
私たちはお互いに愛し合ってます。	ウィ ア イン ラヴ ウィズ イーチ アザァ **We are in love with each other.**
あなたを好きにならずにいられない。	アイ キャント ヘルプ フォーリング イン ラヴ ウィズ ユー **I can't help falling in love with you.**
彼女とデートした。	アイ ウェント オン ア デイト ウィズ ハー **I went on a date with her.**
彼女をデートに誘った。	アイ アスクト ハ フォ ア デイト **I asked her for a date.**

52

会話

A：どうやって旦那さんを見つけたの？
How did you find your husband?
(ハウ ディジュ ファインド ユア ハズバンド)

B：スキーに行って知り合ったの。
We went skiing and got to know each other.
(ウィ ウェント スキーイング アン ガ トゥ ノウ イーチ アザァ)

A：ああ、うらやましい。
Wow, I envy you.
(ワウ アイ エンヴィ ユー)

B：今度一緒にスキーに行きましょう。
Let's go skiing next time.
(レッツ ゴウ スキーイング ネクスト タイム)

解説

be in love は「恋している」状態、fall in love は「恋する」動作を表します。get to know は「知るようになる、知り合いになる」です。go on a date は「デートする」です。go skiing 「スキーに行く」です。

〈発音チェック〉
fall in love、fell in love「フォーリン、フェリン」、each other は「イーチアザァ」、went on a date「ウェントオンナデイト」とつなげて発音するといいです。

② 恋愛・結婚・育児 (2) CD-22

日常編 —— 身近な人のことを話す

基本文型　I want to ～

彼女とデートをしたかった。
アイ ウォンティド トゥ ゴウ アウト ウィズ ハー
I wanted to go out with her.

プロポーズ
(propose to her)
アイ ウォンティド トゥ プロポウズ トゥ ハー
I wanted to propose to her.

結婚
(get married to her)
アイ ウォンティド トゥ ゲト マリド トゥ ハー
I wanted to get married to her.

役立つ表現

私は彼女にプロポーズした。	アイ プロポウズド トゥ ハー **I proposed to her.**
彼女は私のプロポーズを受けた。	シ アクセプティド マイ プロポウザル **She accepted my proposal.**
来月挙式の予定です。	ウィル ホウルド ア ウェディング ネクスト マンス **We'll hold a wedding next month.**
彼らは結婚式をします。	ゼイォ ハヴ ア ウェディング セレモニィ **They'll have a wedding ceremony.**

54

会話

A：どのようにして結婚したの？
How did you end up getting married?

B：1年間くらい付き合ったんだよ。
We dated for about one year.

A：どのようにプロポーズしたの？
How did you propose to her?

B：僕じゃなくて、彼女がのほうがしたんだよ。
I didn't. She proposed to me.

解説

「結婚する」は marry ですが、get married という熟語がよく使われます。誰々「と」は、with ではなく、to と言います。「プロポーズ」の propose は動詞、名詞形は proposal です。

〈発音チェック〉
get married to の d はほとんど聞こえません。「ゲトマリ（ド）トゥ」に近いです。propose は「プロボウズ」、proposal「プロボウザル」と発音します。

3 恋愛・結婚・育児 (3) CD-23

日常編 —— 身近な人のことを話す

基本文型　When are you going to ～ ?

結婚はいつ？
When are you going to get married?

新婚旅行
(go on a honeymoon)
When are you going to go on a honeymoon?

赤ちゃん
(have a baby)
When are you going to have a baby?

役立つ表現

私は恋愛結婚がしたかった。
I wanted to have a love marriage.

私たちはお見合い結婚だった。
We had an arranged marriage.

私はお見合いをした。
I had a marriage meeting.

彼女は結婚仲介業を利用した。
She used a matchmaking service.

会話

A：息子さんはいつ結婚するの？
ウェン　イズ ユア　サン　ゴウイングトゥ
When is your son going to
ゲト　マリド
get married?

B：来月よ。
ネクスト マンス
Next month.

A：新婚旅行はどこへ行くの？
ウェア　アー　ゼイ　ゴウイング オン ゼア
Where are they going on their
ハニムーン
honeymoon?

B：ハワイよ。
ゼイア　ゴウイングトゥ ハワーイー
They're going to Hawaii.

解説

marry は動詞、marriage は名詞です。「新婚旅行に行く」は go on/for a honeymoon と言います。arranged は過去分詞で「取り決められた、見合いの」の意味です。

〈発音チェック〉
marriage は「マリヂ」と発音します。つづりに惑わされないように。arranged は「アレインヂド」と発音します。Hawaii は「ハワーイー」と「ワ」を強く発音します。

57

4 恋愛・結婚・育児 (4) CD-24

日常編 —— 身近な人のことを話す

基本文型　I wish ～

幸福を祈ります。	I wish you happiness.
成功 (success)	I wish you success.
幸運 (good luck)	I wish you good luck.

役立つ表現

ご婚約おめでとう。	Congratulations on your engagement.
彼女は妊娠している。	She's pregnant.
彼女はもうすぐ子供が生まれる。	She's going to have a baby soon.
できちゃった婚だった。	Theirs was a shotgun wedding.

会話

A：ご結婚おめでとう。 Congratulations on your marriage.
（コングラチュレイションズ　オン　ユア　マリヂ）

B：ありがとう。 Thank you.
（サンキュー）

A：おめでたはいつ？ When are you going to have a baby?
（ウェン　ア　ユ　ゴウイング　トゥ　ハヴ　ア　ベイビィ）

B：わからない。 I don't know.
（アイ　ドント　ノウ）

たぶん来年ね。 Probably next year.
（プロバブリィ　ネクストイア）

解説

a shotgun wedding は、「妊娠させた女性の父親から銃で脅かされて責任を取って結婚する」、日本語の「子供ができたから結婚する、できちゃった婚」に相当します。have a baby は「妊娠している」で、pregnant と同じ意味です。

〈発音チェック〉
baby は「ベイビィ」と発音します。congratulations は「コングラチュレイションズ」と最後に「ズ」と言います。next year は「ネクストイア」「ネクスチャ」となります。

日常編 —— 身近な人のことを話す

5 家族（1）　CD-25

基本文型　They are ～

彼らは4人家族です。	They are a family of four. （ゼイ　ア　ア　ファミリィ　オブ　フォー）
核家族 (a nuclear family)	They are a nuclear family. （ゼイ　ア　ア　ニュークリア　ファミリィ）
片親の家族 (a single parent family)	They are a single parent family. （ゼイ　ア　ア　スィングル　ペアレント　ファミリィ）

役立つ表現

5人家族です。	There are five people in my family. （ゼア　ア　ファイヴ　ピープル　イン　マイ　ファミリィ）
子供は何人ですか？	How many children do you have? （ハウ　メニィ　チルドゥレン　ドゥ　ユ　ハヴ）
子供はいません。	We don't have any children. （ウィ　ドント　ハヴ　エニィ　チルドゥレン）
私は一人っ子です。	I am an only child. （アイ　アム　アン　オンリィ　チャイルド）

60

会話

A：家族は何人なの？
How many people are there in your family?

B：7人です。
There are seven.

A：大家族なんですね！
Oh, you have a big family!

B：そう。兄弟が2人、姉妹2人がいます。
Yes. I have two brothers and two sisters.

解説

Bの答えは、There are seven members / people. を短くしたもので、seven families ではありません。これでは、他に家族がある、不倫になってしまいます。本当にそうなら言えますが、そうではないでしょう。

〈発音チェック〉
brother「ブラザァ」の th は、上の歯と下の歯の間に舌を出します。sister は「シスター」ではなくて「スィスタァ」。two は「ツー」ではなくて「トゥー」と発音します。

日常編 ── 身近な人のことを話す

6 家族（2）　CD-26

基本文型　My ~ name is ~

名字は野田です。
マイ　ファミリィ　ネイム　イズ　ノダ
My family name is Noda.

名前は恵美
(first name -- Emi)
マイ　ファースト　ネイム　イズ　エミ
My first name is Emi.

旧姓は遠藤
(maiden-- Endo)
マイ　メイドゥン　ネイム　イズ　エンドウ
My maiden name is Endo.

役立つ表現

私の名字は石塚です。
マイ　サ〜ネイム　　イズ　イシズカ
My surname is Ishizuka.

私の旧姓は堤です。
マイ　フォーマァ　ネイム　イズ　ツツミ
My former name is Tsutsumi.

名前を変えたくない。
アイ　ドント　ウォント　トゥ　チェインヂ　マイ
I don't want to change my
ネイム
name.

彼女は専業主婦です。
シ　イズ　ア　ステイ　アト　ホウム
She is a stay-at-home
ハウスワイフ
housewife.

彼女はパートをしています。
シ　ワークス　パート　タイム
She works part-time.

62

家族はいますか？ **Do you have a family?**
ドゥ ユ ハヴ ア ファミリィ

会話

A：結婚してるの？ **Are you married?**
ア ユ マリド

B：そうよ、でも、名字を変えなかったの。 **Yes, but I didn't change my family name.**
イエス バト アイディドゥント チェインヂ
マイ ファミリィ ネイム

A：そう。 **Oh, you didn't?**
オウ ユ ディドゥント

どうして？ **Why not?**
ワイ ノト

B：自分の名字が大好きだからよ。 **Because I like my family name very much.**
ビコウズ アイ ライク マイ ファミリィ
ネイム ヴェリィ マチ

解説

family name と surname（1語）は「姓、名字」、last name とも言います。maiden name は女性の結婚前の姓、「旧姓」です。first name は「名字、名前」のうち「名前」のほうです。英米ではこちらをよく使います。

〈発音チェック〉
surname は1語で「サ～ネイム」と発音します。maiden は「メイドゥン」です。change は「チェンヂ」ではなくて、「チェインヂ」です。

日常編 ── 天気について話す

① 天気（1） CD-27

基本文型　It's 〜

良い天気です。	イツ　ファイン It's fine.
晴れています。（sunny）	イツ　サニィ It's sunny.
曇っています。（cloudy）	イツ　クラウディ It's cloudy.

役立つ表現

雨です。	イツ　レイニィ It's rainy.
風です。	イツ　ウィンディ It's windy.
雪です。	イツ　スノウィ It's snowy.
嵐です。	イツ　ストーミィ It's stormy.
寒いです。	イツ　コウルド It's cold.
暖かいです。	イツ　ウォーム It's warm.

会話

A：今の天気はどう？　　How is the weather now?
（ハウ　イズ ザ　ウェザァ　ナゥ）

B：晴れているよ。　　It's fine.
（イツ　ファイン）

A：散歩に行こうか？　　Shall we go for a walk?
（シャル　ウィ　ゴウ　フォ ア ウオーク）

B：そう、行きましょう。　　Yes, let's go.
（イェス　レツ　ゴウ）

解説

How is the weather? は天気の様子を聞く言い方です。it is + rainy｜形容詞｜の表現です。go for a walk は「散歩に行く」という意味です。

〈発音チェック〉
it is「イトイズ」、短縮形は it's「イツ」となります。fine の f は、下唇を上歯に軽く接触させて、隙間から「フ」と言います。walk は「ウオーク」で、「ワーク」ではありません。warm は「ワーム」ではなくて、「ウォーム」です。

日常編 ── 天気について話す

② 天気（2） CD-28

基本文型　It's ～

雨が降っている。　　　It's raining.
　　　　　　　　　　（イツ レイニング）

雪が降っている。(snowing)　It's snowing.
　　　　　　　　　　（イツ スノウィング）

風が吹いている。(blowing)　It's blowing.
　　　　　　　　　　（イツ ブロウイング）

役立つ表現

太陽が照っている。　The sun is shining.
　　　　　　　　　（ザ サン イズ シャイニング）

風が吹いている。　The wind is blowing.
　　　　　　　　　（ザ ウィンド イズ ブロウイング）

雨が激しく降っている。It's raining hard.
　　　　　　　　　（イツ レイニング ハード）

どしゃ降りだ。　It's pouring.
　　　　　　　　（イツ ポァリング）

嵐だ。　It's storming.
　　　　（イツ ストーミング）

雷が鳴っている。　It's thundering.
　　　　　　　　（イツ サンダリング）

66

会話

A：今日の天気はどう？
フワト イズ ザ ウェザァ ライク
What is the weather like
トゥデイ
today?

B：雨だよ。
イツ レイニング
It's raining.

A：じきに晴れるといいな。
アイ ホウプ イト ウィル レト アプ スーン
I hope it will let up soon.

明日、孫が遠足に行くの。
マイ グランドチャイルド イズ ゴウイング
My grandchild is going
ハイキング トゥマロウ
hiking tomorrow.

解説

天気の聞き方は、How is the weather? What is the weather like? があります。It is を短縮して、It's ということが多いです。It's raining.（進行形）、It's rainy.（形容詞）などと言います。let up は、雨などが「静まる、止む」という意味です。

〈発音チェック〉
短縮形がよく使われます。短縮形 it's は「イツ」です。let up はつなげて、「レタプ」に近く発音するといいです。thunder、thundering は「サンダァ、サンダリング」です。

3 天気 (3)

日常編 ── 天気について話す

CD-29

基本文型　It looks like ～

雨になりそう。	It looks like rain.
雪 (snow)	It looks like snow.
嵐 (a storm)	It looks like a storm.

役立つ表現

天気予報は何でしたか？　What did the weather report say?

天気予報によると、明日は雨です。　The weather forecast says that it's going to rain tomorrow.

雨が降りそう。　It looks like it's going to rain.

気温はセ氏30度です。　The temperature is 30 degrees centigrade.

会話

A：雪が降りそうだね。
It looks like snow.
(イトルクス ライク スノゥ)

B：あまり降らないといいね。
I hope it will not snow much.
(アイ ホゥプ イト ウィル ナト スノゥ マチ)

A：スキーに行こう。
Let's go skiing.
(レツ ゴウ スキーイング)

B：どこへ行きましょうか？
Where shall we go?
(ウェア シャル ウィ ゴウ)

解説

　weather report/ forecast は「天気予報」、動詞は say を使います。look like snow（名詞）は「雪のようだ、降りそうだ」の意味です。centigrade、Celsius（セ氏）、略 C、そして Fahrenheit（カ氏）、略 F です。

〈発音チェック〉
forecast は「フォーキャスト、フォーカースト」と発音します。say は「セイ」、says は「セズ」です。temperature は「テンペレチァ」です。centigrade「センティグレイド」、Celsius「セルスィアス」、Fahrenheit「ファレンハイト」です。

④ 日常編 —— 天気について話す
天気（4） CD-30

基本文型　The weather is ～

いい天気です。	**The weather is good.**（ザ ウェザァ イズ グド）
気持がよい（pleasant）	**The weather is pleasant.**（ザ ウェザァ イズ プレザント）
変わりやすい（changeable）	**The weather is changeable.**（ザ ウェザァ イズ チェインヂアブル）

役立つ表現

今日はとてもいい天気です。	**It's very nice weather today.**（イツ ヴェリィ ナイス ウェザァ トゥデイ）
天気がとても良かった。	**The weather was very good.**（ザ ウェザァ ワズ ヴェリィ グド）
雨がやみました。	**The rain stopped.**（ザ レイン ストプト）
雷が光っています。	**Lightening is flashing.**（ライトゥニング イズ フラシング）
台風が近づいています。	**A typhoon is approaching.**（ア タイフーン イズ アプロウチング）

会話

A：昨日は天気が悪かったね。　The weather was very bad yesterday.

B：台風が近づいてるね。　A typhoon is approaching.

A：気をつけないと。　We have to be careful.

B：風が強くなってきた。　The wind is getting stronger.

解説

The weather is good/bad. などと言いますが、it is (very) nice weather と言うときには冠詞はつきません。lightening「稲光、稲妻」(名詞)、flash「光る」です。

〈発音チェック〉
have to は、to の影響で同化して、v が f の音となり、「ハフトゥ」に近い発音になります。typhoon の ph は f「フ」の音で、「タイフーン」と発音します。pleasant「プレザント」、lightening「ライトゥニング」、flash「フラシ」です。

5 天気・季節

日常編 ── 天気について話す

CD-31

基本文型　It will be 〜

もうすぐ春です。	It will be spring soon.
夏（summer）	It will be summer soon.
秋（fall）	It will be fall soon.

役立つ表現

春には桜が咲きます。	The cherry trees bloom in the spring.
人々は花見に行きます。	People go cherry blossom viewing.
梅雨がもうじき始まる。	The rainy season will begin soon.
梅雨が終わった。	The rainy season ended.
暑い夏だった。	We had a hot summer.

会話

A：日本は四季がはっきり
　　している。

ヂャパン　　ハズ　フォーア ディスティンクト
Japan has four distinct
スィーズンズ
seasons.

B：春には花見に行く。

ウィ　ゴウ　チェリィ　　ブラサム
We go cherry blossom
ヴューイング イン スプリング
viewing in spring.

A：夏には海へ泳ぎに行く。

ウィ　ゴウ　スウィミング　　イン ザ
We go swimming in the
スィー イン サマァ
sea in summer.

B：秋には紅葉する。

ザ　　　リーヴズ　　チェインヂ　カラー
The leaves change color
イン フォール
in fall.

解説

　cherry trees bloom（動詞）「桜が咲く」、cherry blossom「桜の花」などと言います。in the spring/ in spring と言い、アメリカ英語では冠詞は略されます。fall「秋」はアメリカ英語で、イギリス英語では autumn と言います。

〈発音チェック〉
　bloom（動詞）は「ブルーム」、blossom（名詞）は「ブラサム」と発音します。distinctは「ディスティンクト」と発音します。autumn「オータム」で、語尾のnは発音しません。

日常編 ── 時間について話す

1 時間（1） CD-32

基本文型　It's ～

1 時です。　　　It's one o'clock.
　　　　　　　　（イッ　ワン　オクラク）

2 時半です。　　It's half past two.
　　　　　　　　（イッ　ハフ　パスト　トゥー）

3 時 15 分です。　It's a quarter past three.
　　　　　　　　（イッ　ア クウォータァ　パスト　スリー）

役立つ表現

何時ですか？　　What time is it?
　　　　　　　　（フワ　タイム イズ イト）

何時ですか？　　What time do you have?
　　　　　　　　（フワ　タイム　ドゥ ユ　ハヴ）

1 時です。　　　It's one.
　　　　　　　　（イッ ワン）

お昼の 12 時です。　It's twelve noon.
　　　　　　　　（イッ トゥウェルヴ ヌーン）

夜中の 12 時です。　It's twelve midnight.
　　　　　　　　（イッ トゥウェルヴ ミドゥナイト）

2 時 20 分です。　It's twenty minutes after two o'clock.
　　　　　　　　（イッ トゥウェンティ ミニツ　アフタァ トゥー　オクラク）

74

会話

A：起きなさい！
ウエイク アプ
Wake up!

B：今何時？
フワ　タイム イズ イト ナウ
What time is it now?

A：7時半だよ。
イッツ セヴン　　サァティ
It's seven-thirty.

B：大変だ！
オゥ マイ　ガド
Oh, my god!

急がなくちゃ！
アイ ハフ トゥ ハ〜リ
I have to hurry!

解説

　時間の聞き方はいろいろあります。What time is it? What time do you have? 答え方は、It is/ It's 〜ですが、数字だけでもいいです。o'clock は of (the) clock を短縮したものです。(a) quarter と a は略されることもあります。

〈発音チェック〉
wake up は「ウエイカプ」のようにつなげて言うといいです。What time では、t は 2 回言わないで、最初の t は発音しないで、飲み込むように「フワ・タイム」のように発音するといいです。quarter「クウォータァ」と発音します。one o'clock はつなげて「ワノクラク」となります。

日常編　時間について話す ① 時間(1)

75

日常編 ── 時間について話す

② 時間（2）　CD-33

基本文型　It's 〜

5時15分前です。	イツ　アクウォータァ　トゥ　ファイヴ It's a quarter to five.
4時45分です。	イツ　フォー　フォーティファイヴ It's four forty-five.
6時10分前です。	イツ　テン　トゥ　スイクス It's ten to six.

役立つ表現

6時10分前です。	イツ　テン　ビフォー　スイクス It's ten before six.
5時50分です。	イツ　ファイヴ　フィフティ It's five fifty.
午前7時です。	イツ　セヴン　エイエム It's seven am [a.m.].
午前7時です。	イツ　セヴン　インザ　モーニング It's seven in the morning.
午後8時です。	イツ　エイト　ピーエム It's eight pm [p.m.].
午後8時です。	イツ　エイト　インズィ　アフターヌーン It's eight in the afternoon.

会話

A：何時に寝ますか？　**What time do you go to bed?**
フワト　タイム　ドゥ　ユウ　ゴウ　トゥ　ベド

B：11 時頃です。　**Around eleven.**
アラウンド　イレヴン

A：私は 1 時頃寝ます。　**I go to bed about one.**
アイ　ゴウ　トゥ　ベド　アバウト　ワン

B：そんなに遅く！　**So late!**
ソゥ　レイト

解説

　at「～時に」、around/ about「～時頃に」です。go to bed「床に就く、寝る」です。冠詞は使いません。in the morning「午前」の書き方は、いろいろあって、am / a.m./ AM/ A.M. があります。pm についても同様です。

> 〈発音チェック〉
> am「エイエム」、pm「ピーエム」と発音します。five「ファイヴ」では、f や v の発音に気をつけましょう。fifty「ヒフティ」ではなくて、「フィフティ」です。six「シックス」ではなくて、「スィクス」です。

日常編　時間について話す ② 時間(2)

77

3 時間（3）

日常編 —— 時間について話す

CD-34

基本文型　How long does it take ~ ?

どのくらい時間かかりますか？	How long does it take?
そこまで（to go there）	How long does it take to go there?
会社まで（to go to work）	How long does it take to go to work?

役立つ表現

時間です。	Time is up.
時は金なり。	Time is money.
彼女は会議に間に合った。	She was in time for the meeting.
時計が遅れている。	The clock is slow.
私の時計は正確ではない。	My watch isn't accurate.

会話

A：会社に行くのにどれくらいかかりますか？
<small>ハウ　ロング　ダズ　イト テイク トゥ　ゲトゥ　ワ〜ク</small>
How long does it take to get to work?

B：1時間くらいかかります。
<small>イト テイクス アバウト　ワン　アゥア</small>
It takes about one hour.

電車の中は立ちっぱなしです。
<small>アイ ハフ トゥ スタンド オン ザ　トゥレイン</small>
I have to stand on the train.

A：そう、朝のラッシュはすごいね。
<small>イェス アンド　ザ　モ〜ニング　ラシ　アゥア　イズ テリブル</small>
Yes, and the morning rush hour is terrible.

解説

how long does it take の take は時間が「かかる」です。go /get to work「会社に行く/着く」で、冠詞は使いません。(the) time is up は「時間です、時間が切れました」、up は「終わって」の意味です。

〈発音チェック〉
rush は「ラシュ」よりは「ラシ」に近いです。terrible「テリブル」です。have to は「ハフトゥ」となります。

日常編 ── 時間について話す

④ 時間（4）　CD-35

基本文型　It's time to ～

起きる時間だ。	It's time to get up. （イッ タイム トゥ ゲタプ）
会社に行く （go to work）	It's time to go to work. （イッ タイム トゥ ゴゥ トゥ ワ～ク）
寝る （go to bed）	It's time to go to bed. （イッ タイム トゥ ゴゥ トゥ ベド）

役立つ表現

何時に起きますか？	What time do you get up? （フワト タイム ドゥ ユ ゲタプ）
いつもは7時に起きます。	I usually get up at seven. （アイ ユージュアリ ゲタプ アト セヴン）
11時頃寝ます。	I go to bed around eleven. （アイ ゴゥ トゥ ベド アラウンド イレブン）
ときどき寝坊します。	I sometimes oversleep. （アイ サムタイムズ オゥヴァスリープ）
目覚まし時計が鳴らなかった。	The alarm clock didn't ring. （ザ アラーム クラク ディドゥント リング）
朝食の時間だ。	It's time for breakfast. （イッ タイム フォ ブレクファスト）

80

会話

A：何時に起きる？
フワト　タイム　ドゥ　ユウ　ゲタプ
What time do you get up?

B：7時頃起きます。
アイ　ゲラプ　アラウンド　セヴン
I get up around seven.

A：6時に時計をセットします。
アイ　セト　マイ　クラク　　フォ　スイクス
I set my clock for six.

B：8時に家を出るのは難しい。
イッ　ハ〜ド　トゥ　リィーヴ　ホウム　　アト
It's hard to leave home at
エイト
eight.

解説

　wake up は「目を覚ます」、get up は「床から起き上がる」です。set 〜 for は時計を何時に鳴るように「合わせる、セットする」。leave home は「家を出る」、go to bed「寝る」、go to work「会社に行く」では冠詞を使いません。

〈発音チェック〉
　wake up、get up はつなげて、「ウエイカプ」、「ゲタプ」のように発音するといいです。alarm「アラーム」です。breakfast は「ブレックファースト」ではなくて、「ブレクファスト」です。

日常編 —— 時間について話す

5 時間（5）　CD-36

基本文型　It's ～

日<u>曜日</u>です。　It's Sunday.
（イツ　サンデイ）

月曜日（Monday）　It's Monday.
（イツ　マンデイ）

火曜日（Tuesday）　It's Tuesday.
（イツ　テューズデイ）

役立つ表現

今日は何日ですか？	What's the date today? （フワッツ　ザ　デイト　トゥデイ）
1月5日です。	It's January 5th. （イツ　ジャヌアリー　フィフス）
今日は何曜日ですか？	What day of the week is it today? （フワット　デイ　オブ ザ　ウィーク イズ イト　トゥデイ）
月曜日です。	It's Monday. （イツ　マンディ）
電車は時間通りだった。	The train was on time. （ザ　トゥレイン ワズ　オン タイム）

会話

A：今日は何曜日ですか？
フワト デイ オブ ザ ウィーク イズ イト
What day of the week is it
トゥデイ
today?

B：月曜日だよ。
イツ マンディ
It's Monday.

どうして聞くの？
フワイ ドゥ ユ アスク
Why do you ask?

A：孫の誕生日が待ち遠しいの。
アイ キャント ウェイト フォ マイ
I can't wait for my
グランドチャイルズ バ～スデイ
grandchild's birthday.

解説

「何日ですか？」と聞くときは What's the date?、「何曜日ですか」と聞くときは What day of the week is it? 答えは、曜日だけでもいいです。(It's) Wednesday/Thursday/Friday/Saturday. 月と曜日の頭文字は大文字です。

〈発音チェック〉
date「デイト」、Wednesday「ウエンズデイ」、Thursday「サ～ズデイ」、Friday「フライデイ」、Saturday「サタデイ」、birthday「バ～スデイ」です。

83

1 学校・勉強（1） CD-37

日常編 —— 学校・勉強について話す

基本文型　He goes ～

彼は電車で学校へ行きます。
ヒ　ゴウズ　トゥ スクール　バイトゥレイン
He goes to school by train.

バス（bus）
ヒ　ゴウズ　トゥ スクール　バイ バス
He goes to school by bus.

自転車（bicycle）
ヒ　ゴウズ　トゥ スクール　バイ
He goes to school by
バイスィクル
bicycle.

役立つ表現

彼は学校へはどうやって行きますか？
ハウ　ダズ　ヒ　ゴウトゥスクール
How does he go to school?

彼は学校へ歩いていきます。
ヒ　ゴウズ　トゥ スクール　オン フト
He goes to school on foot.

学校では制服はありません。
ゼイ　ドゥント ウエア　ユニフォームズ
They don't wear uniforms
アト ゼア　スクール
at their school.

彼女は何の科目が好きですか？
フワト　サブヂェクト ダス　シ　ライク
What subject does she like?

彼女は音楽が好きです。
シ　ライクス ミューズィク
She likes music.

84

会話

A：彼女は学校へはどうやって行きますか？
How does she go to school?
ハウ ダス シ ゴウ トゥスクール

B：自転車で行きます。
She goes to school by bicycle.
シ ゴゥズ トゥスクール バイ バイスィクル

A：雨の時は？
When it rains?
ウェン イト レインズ

B：その時はバスで行きます。
Then, she goes by bus.
ズェン シ ゴゥズ バイ バス

解説

go to school「学校へ行く」は冠詞を使いません。by bicycle、by bus など、交通手段を言うときは冠詞を使いません。「徒歩で、歩いて」は on foot と言います。動詞 walk を使う言い方もあります。

〈発音チェック〉
music は「ミュージック」ではなく、「ミューズィク」と発音します。
uniform は f に気をつけて、「ユニフォーム」と言います。

2 学校・勉強（2） CD-38

日常編 —— 学校・勉強について話す

基本文型　He is 〜

孫は**5年生**です。
マイ　グランドチャイルド イズ ア フィフス グレイダァ
My grandchild is a fifth grader.

8年生（中学2年生）
(in the eighth grade)
ヒ　イズ インズィ エイス　　グレイド
He is in the eighth grade.

大学1年生
(a freshman in college)
ヒ　イズ ア フレシマン　　イン カレヂ
He is a freshman in college.

役立つ表現

彼は何年生ですか？	フワト　グレイド イズ ヒ イン **What grade is he in?**
彼は何年生ですか？	フワト　イア　イズ ヒ イン **What year is he in?**
彼は1年生です。	ヒ　イズ ア ファ〜ストイア ステューデント **He is a first-year student.**
彼は2年生です。	ヒ　イズ ア サフォモア **He is a sophomore.**
彼女は3年生です。	シ　イズ ア ジューニヤ **She is a junior.**
彼女は4年生です。	シ　イズ ア スィーニヤ **She is a senior.**

会話

A：アンは何年生ですか？ **What grade is Ann in?**
フワト　グレイド　イズ　アン　イン

B：7年生です。 **She is in the seventh grade.**
シ　イズ　イン　ザ　セヴェンス　グレイド

A：トムは何年生ですか？ **What year is Tom in?**
フワト　イア　イズ　トム　イン

B：大学2年生です。 **He's a sophomore in college.**
ヒイズ　ア　サフォモア　イン　カレヂ

解説

　grade は小学校から中学と高校、year は大学の学年を言うのに使います。アメリカでは、first（1年）〜 twelfth grade（12年＝高校3年）と言います。大学では、freshman, sophomore, junior, senior（1年、2年、3年、4年）と言います。

〈発音チェック〉
twelve は「トゥウェルヴ」、twelfth は「トゥウェルフス」です。freshman「フレシマン」、sophomore は「サフォモア」、junior「ジューニヤ」、senior「スィーニヤ」と発音します。

日常編 ── 仕事について話す

仕事 (1)　CD-39

基本文型　I work for ~

銀行に勤めています。
I work for a bank.
アイ ワ〜ク フォ ア バンク

病院 (a hospital)
I work for a hospital.
アイ ワ〜ク フォ ア ホスピタル

旅行代理店 (a travel agency)
I work for a travel agency.
アイ ワ〜ク フォ ア トラヴェル エイヂェンスイ

役立つ表現

お仕事は何ですか？
What do you do?
フワト ドゥ ユー ドゥ

保険会社に勤めています。
I work at an insurance company.
アイ ワ〜ク アト アン インシュアランス カンパニィ

商社で営業をしています。
I do sales at a trading company.
アイ ドゥ セイルズ アト ア トレイディング カンパニィ

何時が都合がいいですか？
What time is convenient for you?
フワト タイム イズ コンヴィーニエント フォ ユー

88

会話

A：お仕事は何ですか？ **What do you do?**
（フワト ドゥ ユー ドゥ）

B：旅行代理店に勤めています。 **I work for a travel agency.**
（アイ ワ〜ク フォ ア トラヴェル エイヂェンスィ）

A：ここに署名をしてください。 **Please sign your name here.**
（プリーズ サイン ユア ネイム ヒア）

B：書類にスタンプを押します。 **I'll stamp this document.**
（アイル スタンプ ズィス ダキュメント）

解説

What do you do? What's your job? What's your occupation? と同じく、職業を聞く言い方です。「～に勤めている」は work for/ at と言います。

〈発音チェック〉
convenient は「コンヴィーニエント」と言います。コンビニの convenience は「コンヴィーニエンス」です。agency は「エイヂェンスィ」です。

日常編 ── 仕事について話す

2 仕事（2） CD-40

基本文型　I work 〜

長時間働きます。　　　　　アイ ワ〜ク ロング アウアズ
　　　　　　　　　　　　　I work long hours.

パートをします。(part-time)　アイ ワ〜ク パート タイム
　　　　　　　　　　　　　I work part-time.

残業をします。(overtime)　アイ ワ〜ク オウヴァタイム
　　　　　　　　　　　　　I work overtime.

役立つ表現

常勤です。	アイ ワ〜ク フル タイム **I work full-time.**
私はABC会社の部長でした。	アイ ワズ ア マネジャァ アト エービースィー カンパニィ **I was a manager at ABC company.**
彼は失業中です。	ヒズ アウト オヴ ワ〜ク **He's out of work.**
息子は就活中です。	マイ サン イズ ヂァブ ハンティング **My son is job hunting.**
彼はクビになった。	ヒ ガト ファイアド **He got fired.**

会話

A：長時間働きますか？　Do you work long hours?
（ドゥ ユ ワ～ク ロング アウアズ）

B：ときどき残業です。　I sometimes work overtime.
（アイ サムタイムズ ワ～ク オウヴァタイム）

A：仕事のあと飲みに行きますか？　Do you go for a drink after work?
（ドゥ ユ ゴウ フォ ア ドゥリンク アフタァ ワ～ク）

B：そう。過労死する人がいるからね。　Sure. Some people die from overwork.
（シュア サム ピープル ダイ フロム オウヴァワ～ク）

解説

die from overwork は「過労死」、英語にも *karoshi* として入っています。work part-time/ full-time は副詞として、また、part-time/ full-time worker のように形容詞としても使われます。be / get fired は受け身で、「クビになる」です。

〈発音チェック〉
work、worker は「ワ～ク」、「ワ～カァ」と、口を狭くして発音します。「ウオーカー」にならないように気をつけましょう。overwork「オウヴァワ～ク」です。fire「ファイア」です。*karoshi* は「カロウシ」「キャロウシ」と言うようです。

コーヒーブレイク①
コミュニケーション

敬称

　男性にはMr.「ミスタァ」、女性の既婚者にはMrs.「ミスィズ」、未婚者にはMiss「ミス」、そして、Ms.「ミズ」はどちらにも使います。Ms.は、発生的にはMrs.とMiss（ピリオドなし）との造語で、最初はピリオドなしにMsと書いていたようですが、最近はピリオドを使ってMs.とするのが多いようですね。

　英語では、名はファースト・ネーム（first name）、ギヴン・ネーム（given name）、クリスチャン・ネーム（Christian name）、姓はラスト・ネーム（last name）、ファミリーネーム（family name）、サーネーム（surname）などと言います。

　それで、順序ですが、私たちが英語では「名─姓」、または「姓─名」とするか？　今までは、日本では西洋風に「名─姓」の順でしたが、最近は「姓─名」の順に少しずつなってきているようですね。

　日本語では、相手に「～さん」と言いますが、英語では姓名、または、姓の前につけます。Mr. Jack Jones、または、Mr. Jonesのように。名前にはつけません。日本語的には「呼び捨て」ですが、英米の文化では、呼び捨てのほうが親近感、親しみを表します。日本とは逆ですね。日本語では、「Jackさん」、「Maryさん」と言いますが、英語では、何もつけないで、JackやMaryと言い、Mr.やMissをつけません。

ジェスチャー

「はい」と「いいえ」のジェスチャーは国によって違います。英米と日本は似ていて、「はい」のときは縦に首を振ります。「いいえ」のときは左右に首を振ります。ですが、逆の国、文化があります。

手招きのジェスチャーは、日本と英米では違います。日本では、手のひらを内側にして振ります。「こっちに来て」という意味ですね。逆に、英米では、「あっちに行って」という意味に取られます。

こういう話があります。日本の「はとバス」での話です。外国人を乗せたバスで、あるところに見学に行きました。集合時間になって、そろそろとみんなが集まりかけたときです。バスガイドが「集まって」のつもりで、手を振りました。そうしたら、集まりかけた人たちがまた散って行ってしまったという話です。

Part 2
身近な話題

身近な話題 —— 余暇の過ごし方

1 温泉・カラオケ　CD-41

基本文型　I go to ～

カラオケに行きます。	**I go to *karaoke*.** アイ ゴウ トゥ キャラオウキィ
温泉に行きます。 (a hot spring)	**I go to a hot spring.** アイ ゴウ トゥ ア ハト スプリング
風呂に入ります。 (take a bath)	**I take a bath.** アイ テイク ア バス

役立つ表現

日本には温泉がたくさんある。	**There are many spas in Japan.** ゼア ア メニィ スパーズ イン ジャパン
友達とカラオケに行く。	**I go to a *karaoke* box with my friends.** アイ ゴウ トゥ ア キャラオウキィ ボクス ウィズ マイ フレンヅ
カラオケは文字通り、「空のオーケストラ」という意味です。	**Literally *karaoke* means "empty orchestra."** リテラリィ キャラオウキィ ミーンズ エンプティ オーケストゥラ
今はカラオケは世界的になっています。	**_Karaoke_ is now known worldwide.** キャラオウキィ イズ ナウ ノウン ワ〜ルド ワイド

96

会話

A：日本には温泉がたくさんありますね。
ゼア　ア　メニィ　スパーズ
There are many spas
イン ジャパン
in Japan.

B：温泉に行くのが好きです。
アイ ライク ゴウイング トゥ ハト
I like going to hot
スプリングス
springs.

A：そう、お風呂に入るとさっぱりしますよね。
イエス イツ　リフレシング　　トゥ
Yes, it's refreshing to
テイク　ア　バス
take a bath.

B：それから、カラオケで歌います。
ゼン　　ウィ　スィング アトア
Then, we sing at a
キャラオウキィ ボクス
***karaoke* box.**

解説

　温泉は spa、hot spring と言います。spa「スパー」はベルギーの温泉地の名前からきています。*karaoke* は日本の発明で、世界に広がって、そのまま英語に入っています。カラオケは「空（カラ）」の「オーケストラ」→カラオケとなりました。

〈発音チェック〉
　温泉 spa は日本語では「スパ」と言うようですが、英語では「スパー」と発音します。*karaoke* は英語では「キャラオウキィ、カラオウキィ」のように、英語式になまっているようですね。refreshing「リフレシング」です。

2 スポーツ (1)

身近な話題 ── 余暇の過ごし方

CD-42

基本文型　I like ～

サッカーが大好きだ。
アイ ライク サカァ　ヴェリィ マチ
I like soccer very much.

相撲 (*sumo*)
アイ ライク スーモウ ヴェリィ マチ
I like *sumo* very much.

野球 (baseball)
アイ ライク ベイスボール ヴェリィマチ
I like baseball very much.

役立つ表現

夏に釣りに行く。
アイ ゴウ フィシング イン ザ　サマァ
I go fishing in the summer.

夏にサーフィンに行く。
アイ ゴウ サ〜フィング イン ザ サマァ
I go surfing in the summer.

よくボウリングに行く。
アイ オフン ゴウ ボウリング
I often go bowling.

スキーとスケートが好きだ。
アイライクスキーイングアンドスケイティング
I like skiing and skating.

今週末にゴルフに行きませんか？
フワイ ドウント ウィ ゴウ ゴルフィング
Why don't we go golfing
ズィス ウィークエンド
this weekend?

キャッチボールをしませんか？
フワイ ドント ウィ プレイ キャチ
Why don't we play catch?

会話

A：サッカーが大好きです。
アイ ライク サカァ　ヴェリィ マチ
I like soccer very much.

B：サッカーはとても
わくわくしますね。
サカァ イズ ヴェリィ イクサイティング
Soccer is very exciting.

A：相撲や野球も好きです。
アイ ライク スモウ アンド ベイスボール
I like *sumo* and baseball,
トゥー
too.

B：そう、見るのは面白いね。
イエス ゼイ　アー ファン トゥ
Yes, they are fun to
ワチ
watch.

解説

go fishing, surfing, skiing, bowling などのように、「go+ing」の表現はよく使われます。play catch は日本語の「キャッチボールをする」に相当します。Why don't we？は提案「しようよ」です。

〈発音チェック〉
soccer は「サッカー」よりは「サカァ」に近い発音です。*sumo*「スモウ、スーモウ」と英語式になまることもあるようですね。surfing「サ〜フィング」です。

3 スポーツ (2)

身近な話題 ── 余暇の過ごし方

CD-43

基本文型　I play ～

テニスをします。	I play tennis. アイ プレイ テニス
ゴルフ（golf）	I play golf. アイ プレイ ゴルフ
ゲートボール（gateball）	I play gateball. アイ プレイ ゲイトボール

役立つ表現

スポーツをやりますか？	Do you play any sports? ドゥ ユ プレイ エニ スポーツ
週に2回ジムに行きます。	I go to the gym twice a week. アイ ゴウ トゥ ザ ヂム トゥワイス ア ウィーク
週末に水泳に行きます。	I go swimming on weekends. アイ ゴウ スウィミング オン ウィークエンヅ
体重を4キロ減らしたい。	I'd like to lose four more kilos. アイド ライク トゥ ルーズ フォー モア キーロウズ
体重を減らすにはウォーキングがいい。	Walking is a good way to lose weight. ウォーキング イズ ア グド ウェイ トゥ ルーズ ウェイト

100

会話

A：どんなスポーツを
しますか？
<ruby>What<rt>ワト</rt></ruby> <ruby>sport<rt>スポート</rt></ruby> <ruby>do<rt>ドゥ</rt></ruby> <ruby>you<rt>ユ</rt></ruby> <ruby>play<rt>プレイ</rt></ruby>?
What sport do you play?

B：テニスをします。
<ruby>I<rt>アイ</rt></ruby> <ruby>play<rt>プレイ</rt></ruby> <ruby>tennis<rt>テニス</rt></ruby>.
I play tennis.

あなたは？
<ruby>How<rt>ハウ</rt></ruby> <ruby>about<rt>アバウト</rt></ruby> <ruby>you<rt>ユー</rt></ruby>?
How about you?

A：ゴルフをします。
<ruby>I<rt>アイ</rt></ruby> <ruby>play<rt>プレイ</rt></ruby> <ruby>golf<rt>ゴルフ</rt></ruby>.
I play golf.

解説

「スポーツをする」は多くの場合 play ですが、日本のスポーツは do を使うこともあります。do *sumo, kendo, judo* など。practice を使うこともあります。「スポーツ」ですが、英語では単数 a sport、複数 sports を区別します。kilo(s) は kilogram(s) の短縮形です。

〈発音チェック〉
sumo, judo などは日本語式でいいとは思いますが、英語では「スーモウ」、「ジュードウ」などと英語式になまっているようです。sport「スポート」、sports「スポーツ」です。gateball は「ゲイトボール」です。

身近な話題 余暇の過ごし方 ③ スポーツ(2)

身近な話題 — 余暇の過ごし方
④ 出かける（芝居、展覧会、お寺巡り）CD-44

基本文型　I go to ～

ショーに行きます。	アイ ゴウ トゥ ア ショウ I go to a show.
芝居（a play）	アイ ゴウ トゥ ア プレイ I go to a play.
映画（the movies）	アイ ゴウ トゥ ザ ムーヴィズ I go to the movies.

役立つ表現

芝居を観に行かない？	ハウ　アバウト　ゴウイング トゥ ア　プレイ How about going to a play?
私は先週、展覧会に行った。	アイ ウェント トゥ ザ イクスィビション　ラスト ウィーク I went to the exhibition last week.
私は美術館に行くのが好き。	アイ ライク ゴウイング トゥ ミュズィーアムズ I like going to museums.
京都にはたくさんの寺や神社がある。	ゼア　ア　メニィ　テンプルズ　アンド シラインズ イン キョウト There are many temples and shrines in Kyoto.

会話

A：ときどき映画に行きます。
アイ サムタイムズ　ゴウ トゥ ザ ムーヴィズ
I sometimes go to the movies.

B：どんな映画が好きですか？
ワト　カインド オヴ ムーヴィズ ドゥ ユ ライク
What kind of movies do you like?

A：恋愛映画ですね。
アイ ライク ロマンス　ムーヴィズ
I like romance movies.

B：私はアクションやホラー映画が好きです。
アイ ライク アクション アンド ホラァ ムーヴィズ
I like action and horror movies.

解説

「映画を観に行く」は go to a movie, go to the movies（米）、go to the cinema（英）などと言います。action「アクション」、adventure「冒険」、sci-fi「ＳＦ」、horror「ホラー」、animated「アニメ」、fantasy「ファンタジー」などがありますね。

> 〈発音チェック〉
> movie は「ムーヴィ」です。cinema は「シネマ」ではなくて「スィネマ」と発音します。horror は「ホ(ー)ラァ」です。SF は science fiction「サイエンス　フィクション」から、sci-fi「サイファイ」です。show「ショウ」です。

身近な話題　余暇の過ごし方　④ 出かける（芝居、展覧会、お寺巡り）

103

5 孫と遊ぶ

身近な話題 ── 余暇の過ごし方

CD-45

基本文型　Let's play ～

カルタをしよう。	Let's play cards.
すごろく（sugoroku）	Let's play *sugoroku*.
鬼ごっこ（tag）	Let's play tag.

役立つ表現

かくれんぼをしようよ。	Let's play hide-and-seek.
雪合戦をしようよ。	Let's have a snowball fight.
折り紙が好きだ。	I like folding paper.
鶴を折るのが上手だ。	I'm good at folding cranes.
たこ上げは楽しい。	It's fun to fly a kite.
なわ跳びが好きだ。	I like to jump rope.

会話

A：カルタをしよう。
レッ　プレイ　カーヅ
Let's play cards.

B：いや、外へ行こう。
ノウ　レッ　ゴウ　アウトサイド
No, let's go outside.

A：なわ跳びをしようか？
シャル　ウィ　ヂャンプ　ロウプ
Shall we jump rope?

B：それはいいね。
ザト　サウンズ　グレイト
That sounds great.

身近な話題　余暇の過ごし方　⑤ 孫と遊ぶ

解説

play cards は日本語の「トランプ / カルタをする」に相当します。「カルタ」はポルトガル語 carta からきています。folding paper「折り紙（をする）」、fold paper は「紙を折る」です。

〈発音チェック〉
play は「プレー」よりは「プレイ」に近く発音します。card は「カード」、cards「カーヅ」に近く発音します。fold「フォウルド」、tag「タグ」です。

① 日本の四季（1）春・夏 CD-46

身近な話題 ── 一年の話題

基本文型　We go ～

花見に行きます。
We go cherry blossom viewing.
（ウィ ゴウ チェリィ ブラサム ヴューイング）

海に泳ぎ（swimming in the sea）
We go swimming in the sea.
（ウィ ゴウ スウィミング イン ザ スィー）

買い物（shopping）
We go shopping.
（ウィ ゴウ ショピング）

役立つ表現

桜は満開です。
The cherry blossoms are in full bloom.
（ザ チェリィ ブラサムズ ア イン フル ブルーム）

夜桜はきれいです。
Cherry blossoms look lovely at night.
（チェリィ ブラサムズ ルク ラヴリィ アト ナイト）

花火を上げる。
They display fireworks.
（ゼイ ディスプレイ ファイアワ～クス）

日焼けする。
We get a suntan.
（ウィ ゲト ア サンタン）

会話

A：春が来たね。
Spring has come.
（スプリング ハズ カム）

B：お花見に行こう。
Let's go and enjoy cherry blossoms.
（レツ ゴゥ アンド エンヂョイ チェリィ ブラサムズ）

A：公園の桜の木の下で宴会をする。
We drink under the cherry trees in the park.
（ウイ ドゥリンク アンダァ ザ チェリィ トゥリーズ イン ザ パーク）

B：飲み食いは楽しいね。
We have fun eating and drinking.
（ウィ ハヴ ファン イーティング アン ドゥリンキング）

解説

in full bloom は、花が「満開」です。 display fireworks は「花火を上げる」です。get a suntan は「日に焼ける」、痛いほど焼けるのは sunburn です。

〈発音チェック〉
bloom「ブルーム」、firework「ファイアワ～ク」です。

身近な話題 一年の話題 ①日本の四季(1)春・夏

107

② 日本の四季 (2) 秋・冬 CD-47

身近な話題 ── 一年の話題

基本文型　We enjoy 〜

秋に読書を楽しみます。　We enjoy reading in fall.
（ウイ エンヂョイ リーディング イン フォール）

秋にスポーツ　　　　　　We enjoy playing sports
（playing sports in fall）　in fall.
（ウイ エンヂョイ プレイイング スポーツ イン フォール）

冬にスキー　　　　　　　We enjoy skiing in winter.
（skiing in winter）
（ウイ エンヂョイ スキーイング イン ウィンタァ）

役立つ表現

紅葉している。　　　The leaves are turning yellow and red.
（ザ リーヴズ ア タ〜ニング イエロウ アンド レド）

お歳暮を送ります。　We send year-end gifts.
（ウイ センド イア エンド ギフツ）

除夜の鐘を鳴らす。　They ring the New Year's Eve bells.
（ゼイ リング ザ ニュー イアズ イーヴ ベルズ）

忘年会をします。　　We give a year-end party.
（ウイ ギヴ ア イア エンド パーティ）

会話

A：秋には何をしますか？ What do you do in fall?
フワト ドゥ ユ ドゥー イン フォール

B：「読書の秋」と言うわね。 Autumn is the best season for reading, you know.
オータム イズ ザ ベスト
スィーズン フォ リーディング
ユ ノウ

A：そうだね。 I agree.
アイ アグリー

B：「食欲の秋」とも言うわね。 We also say, "We have a good appetite in fall."
ウイ オールソウ セイ ウイ ハヴ
ア グド アピタイト イン フォール

解説

you know は「ねえ、ほら」です。「紅葉する」は leaves turn red/ yellow and red/ leaves change color です。「読書の秋です」は Autumn is the best season for reading. で、「食欲の秋です」は We have a good appetite in fall / autumn. ですね。

〈発音チェック〉
単数 leaf「リーフ」、複数 leaves「リーヴズ」です。 fall（米）「フォール」、autumn（英）「オータム」ですね。appetite「アピタイト」です。Eve/eve は「イブ」ではなくて、「イーヴ」とアルファベットのｅのように伸ばします。

1 ボランティア活動 CD-48

身近な話題 ── 日常生活

基本文型　They ～

彼らは老人ホームで働く。	They work at a home for the elderly.
地震の被災者の手助けをする。	They help the earthquake victims.
ボランティア活動に参加する。	They participate in volunteer programs.

役立つ表現

喜んでボランティア活動をする。	We're willing to do volunteer activities.
ボランティアの医者や看護士がたくさんいた。	There were lots of volunteer doctors and nurses.
彼らは地震の犠牲者を助けるボランティアをした。	They volunteered to help the earthquake victims.

会話

A：何か役立つことをしたい。
アイ ワント トゥドゥ サムスィング
I want to do something
ユースィフル
useful.

B：ボランティア活動に参加しませんか？
ウィル ユ　　ヂョイン アス イン アウア
Will you join us in our
ヴォランティア　アクティヴィティ
volunteer activity?

A：何をしたらいいかわからない。
アイ ドントノウ　　　ワト　　トゥ ドゥー
I don't know what to do.

B：老人ホームで働くのはどう？
ワイ　　ドンチュー　　ワ〜ク　アトア
Why don't you work at a
ホウム　フォ ズィ　エルダリィ
home for the elderly?

解説

something useful は「何か役立つこと」、useful は後ろに来ます。volunteer「ボランティア」、a home for the elderly「老人ホーム」、the elderly「お年寄り、老人」です。earthquake victim「地震の犠牲者」です。

〈発音チェック〉
volunteer「ヴォランティア」、the elderly「ズィ　エルダリィ」、earthquake「ア〜スクウェイク」、victim「ヴィクティム」です。

身近な話題 — 日常生活

２ ペット

CD-49

基本文型　I have ～

犬を飼っています。　　I have a dog.
アイ ハヴ ア ドーグ

ウサギ（a rabbit）　　I have a rabbit.
アイ ハヴ ア ラビト

ハムスター（a hamster）　　I have a hamster.
アイ ハヴ ア ハムスタァ

役立つ表現

ペットはいますか？	Do you have any pets? ドゥ ユ ハヴ エニィ ペツ
ネコを２匹飼っています。	I have two cats. アイ ハヴ トゥー キャツ
何のペットを飼っていますか？	What kind of pet do you have? ワト カインド オヴ ペト ドゥ ユ ハヴ
えさをあげていいですか？	May I feed him? メイ アイ フィード ヒム
芸ができます。	She can do tricks. シ キャン ドゥー トゥリクス
私は毎日犬の散歩に行きます。	I walk my dog every day. アイ ウォーク マイ ドーグ エヴリィ デイ

会話

A：ペットを飼っていますか？
ドゥ ユ ハヴ エニィ ペツ
Do you have any pets?

B：はい。ネコ1匹と犬2匹飼っています。
イェス アイ ハヴ ア キャト アンド
Yes. I have a cat and
トゥー ドグズ
two dogs.

子犬はとてもかわいいですよ。
ザ パピィズ ア ヴェリィ
The puppies are very
キュート
cute.

A：そうですか？
イズ ザト ライト
Is that right?

解説

ペットを「飼う」は have, keep ですが、have がよく使われます。puppy「子犬」、cute「かわいい」です。feed「えさをやる」、walk my dog は「犬を散歩させる」です。do tricks「芸をする」です

〈発音チェック〉
hamster「ハムスタァ」、puppy「パピィ」、feed「フィード」、trick「トゥリク」です。

身近な話題 日常生活 ② ペット

113

3 ガーデニング

身近な話題 —— 日常生活

CD-50

基本文型 I〜

芝を刈ります。
<ruby>I mow the lawn.</ruby>
アイ モウ ザ ローン

草むしりをします。
（weed the lawn）
I weed the lawn.
アイ ウィード ザ ローン

草花に水をやります。
（water the plants）
I water the plants.
アイ ウォータァ ザ プランツ

役立つ表現

私はガーデニングが好きです。
I love gardening.
アイ ラヴ ガードゥニング

庭の手入れが好きです。
I like to work in the garden.
アイ ライク トゥ ワ〜ク イン ザ ガードゥン

指を切らないように気をつけてね。
Be careful not to cut your finger.
ビー ケアフル ノト トゥ カト ユア フィンガァ

庭いじりがお得意なんですね。
You have a green thumb.
ユ ハヴ ア グリーン サム

会話

A：私はガーデニングが好きです。
アイ ラヴ ガードゥニング
I love gardening.

B：草取りは大変じゃないですか？
イズントゥイト ハード トゥ ウィード ザ グラス
Isn't it hard to weed the grass?

A：いいえ、庭の手入れが好きです。
ノウ アイ ライク トゥ ワ〜ク イン ザ ガードゥン
No, I like to work in the garden.

B：きれいなバラですね。
ユ ハヴ ヴェリィ ビューティフル ロウズィズ
You have very beautiful roses.

解説

　mow は草などを「刈る」です。lawn「芝生」、plants「植物、草木」です。weed は名詞「雑草」、動詞「雑草を取る」です。water は「水をやる」という動詞で、名詞にもなります。have a green thumb は熟語で、「園芸がうまい」です。

> 〈発音チェック〉
> mow「モウ」、lawn「ローン」、gardening「ガードゥニング」、weed「ウィード」、plant「プラント」、thumb「サム」です。

身近な話題　日常生活　③ ガーデニング

115

4 近所付き合い・自治会 CD-51

身近な話題 —— 日常生活

基本文型　We ～

近所の人と挨拶をします。
We greet our neighbors.

近所の人と話をします。
(talk with neighbors)
We talk with our neighbors.

互いに助け合います。
(help each other)
We help each other.

役立つ表現

お隣さんと仲良しです。
We are friendly with our next-door neighbors.

来週の日曜日には草取りをする。
We do the weeding next Sunday.

近所のコンビニに行く。
I go to a neighborhood convenience store.

近所にあまり本屋がない。
There aren't many bookstores where I live.

会話

A：近所の人と挨拶をしますか？ Do you greet your neighbors?

B：はい、よくおしゃべりをしますよ。 Yes, and we often chat.

A：互いに助け合いますか？ Do you help each other?

B：はい、お隣さんと仲良しです。 Yes, our neighbors are friendly.

解説

greet は「挨拶をする」、neighbor「近所の人、隣人」、do the weeding「草取りをする」、friendly「友好的な、気さくな、親しい」です。convenience store は「コンビニ」ですね。「近所」は where I live でも同じような意味を表現できます。

〈発音チェック〉
greet「グリート」、neighbor「ネイバァ」、neighborhood「ネイバフド」です。convenience store「コンヴィーニエンス　ストア」です。

1 年金生活・老化現象 CD-52

身近な話題 —— 老後の暮らし

基本文型　We 〜

年金を受け取ります。	We receive a pension.
年金をもらって退職します。 （retire on a pension）	We retire on a pension.
年金で暮らします。 （live on a pension）	We live on a pension.

役立つ表現

65才で退職します。	We retire at the age of 65.
彼はボケが進行している。	His senility is getting worse.
彼はだんだんとボケてきた。	He's getting more and more senile.
年をとると同じ話をする傾向がある。	We tend to repeat the same story as we get older.

118

会話

A：あっ、財布を忘れた。
Oh, no, I've forgotten my wallet.

B：年をとると忘れっぽくなるわね。
We become forgetful with age.

A：同じ話を繰り返しがちです。
We tend to repeat the same story.

B：老化の兆候かもね。
It may be a symptom of aging.

解説

　pension「年金」、wallet「財布」です。retire「退職する」。現在形 forget、過去形 forgot、過去分詞 forgotten です。symptom「兆候」、age「年齢」、aging「年をとる」。senile は形容詞「老年の」、senility は名詞「老齢」です。bad の比較級は worse です。

〈発音チェック〉
pension「ペンション」、wallet「ワレト」、retire「リタイア」、symptom「スィンプトム」、age「エイヂ」、aging「エイヂング」です。

2 孫の世話

身近な話題 —— 老後の暮らし

CD-53

基本文型　The baby can ～

赤ちゃんは話ができる。	The baby can talk.
お座りができる（sit up）	The baby can sit up.
歩ける（walk）	The baby can walk.

役立つ表現

赤ん坊はかわいいね。	Babies are cute.
孫たちが大好きです。	I love my grandchildren very much.
お孫さん（女の子）は何歳ですか？	How old is your granddaughter?
彼女はぐんぐん育っている。	She's growing so fast.
歯が生えてきた。	She's teething.
子育てはどのようにしていますか？	How are you raising your kids?

会話

A：赤ん坊はかわいいね。 Babies are cute, aren't they?
（ベイビィズ ア キュート アーント ゼイ）

B：そう、成長も早いね。 Yes, and they are growing so fast, too.
（イエス アンド ゼイ ア グロウイング ソウ ファスト トゥー）

A：お座りができるようになったわ。 Now, my baby can sit up.
（ナウ マイ ベイビィ キャン スィト アプ）

B：もうじき話ができるようになるよね。 Soon she will be able to talk.
（スーン シー ウィルビ エイブルトゥ トーク）

解説

　sit up は「お座りする」、cute は「かわいい」、grandchildren「孫」、granddaughter「孫娘」、grandson「孫息子」。 teeth（複数）「歯」、teethe—teething「歯が生える」、raise kids「子供を育てる」です。kid「子ヤギ」→「子供」です。

〈発音チェック〉
cute「キュート」、grandchildren「グラン（ドゥ）チルドゥレン」、granddaughter「グラン（ドゥ）ドータァ」、grandson「グラン（ドゥ）サン」、teething「ティーズィング」、raise「レイズ」、kid「キド」、kids「キツ」です。

身近な話題　老後の暮らし　② 孫の世話

121

3 冠婚・葬祭 (1)　CD-54

身近な話題 ── 老後の暮らし

基本文型　They had 〜

彼らは<u>恋愛結婚</u>をした。	They had a love marriage.
見合い結婚 (an arranged marriage)	They had an arranged marriage.
仏前結婚 (a Buddhist wedding)	They had a Buddhist wedding.

役立つ表現

彼らは神前結婚をした。	They held their wedding at a Shinto shrine.
彼らは披露宴をする。	They'll have a wedding reception.
教会で結婚式をしたかった。	I wanted to have a wedding ceremony at a church.

122

結婚して身を固めたい。　I want to get married and settle down.
アイ ワント トゥ ゲト マリド アンド セトル ダウン

会話

A：まず、婚約するでしょう。　First, we get engaged.
ファースト ウィ ゲト エンゲイヂド

B：それから、結納を取り交わす。　Then, we exchange betrothal gifts.
ゼン ウィ イクスチェインヂ ビトゥロウザル ギフツ

A：恋愛結婚をしたいわ。　I want to have a love marriage.
アイ ワント トゥ ハヴ ア ラヴ マリヂ

B：ハネムーンはハワイがいいな。　I want to go to Hawaii on our honeymoon.
アイ ワント トゥ ゴウ トゥ ハワーイー オン アウア ハニムーン

解説

　love marriage「恋愛結婚」、arranged marriage「見合い結婚」、Buddhist wedding「仏前結婚」です。marriage と wedding は同じ「結婚」です。betrothal gift「結納」、wedding ceremony「結婚式」、wedding reception「結婚披露宴」です。

〈発音チェック〉
marriage「マリヂ」、arranged「アレインヂド」、Buddhist「ブディスト」、betrothal「ビトゥロウザル」、ceremony「セレモニィ」、reception「リセプション」です。

4 冠婚・葬祭 (2)

身近な話題 —— 老後の暮らし

CD-55

基本文型　They hold ～

葬儀を行います。	They hold a funeral service.
お通夜をします。 （hold a wake）	They hold a wake.
葬儀に参加します。 （attend a funeral）	They attend a funeral.

役立つ表現

ガンで死ぬ人が多い。	A lot of people die from cancer.
友人が肺ガンで死んだ。	My friend died of lung cancer.
夏に家の墓参りをする。	We visit our family grave every summer.
両親の墓参りをして花を供えた。	I went to put flowers on my parents' grave.

124

会話

A：明日葬儀に参加するの？ Are you going to attend a funeral tomorrow?

B：そう、友人が肺ガンで死んだのです。 Yes, my friend has died of lung cancer.

A：若死にで残念ですね。 It's a pity he died so young.

B：私が弔辞を述べるんです。 I'm going to express my condolences.

解説

　hold a funeral service「葬儀を行う」、wake「お通夜」、condolences「お悔やみ、弔辞」はよく複数形で言います。die from / of「～で死ぬ」、lung cancer「肺がん」、grave「墓、墓場」です。

〈発音チェック〉
funeral「フュネラル」、wake「ウェイク」、condolences「コンドゥレンスィズ」、lung cancer「ラング　キャンサァ」、grave「グレイヴ」です。

5 寿命・遺言

身近な話題 —— 老後の暮らし

CD-56

基本文型　He died 〜

彼は若くして死んだ。　He died young.

70才で
(at the age of 70)　He died at the age of 70.

寿命で
(a natural death)　He died a natural death.

役立つ表現

マザーテレサは87歳で亡くなった。
Mother Teresa passed away at the age of 87.

日本人の平均寿命は世界一だ。
The average life expectancy of the Japanese is the longest in the world.

彼は遺言を残さないで死んだ。
He died without leaving a will.

会話

A：日本の女性は年々寿命が延びているよね。
Year by year Japanese women are living longer on average.

B：そうね。長生きしたいわ。
Yes. I want to live long.

A：「ナポリを見てから死ね」と言うね。
We say, "See Naples and die."

B：「日光を見ないで結構と言うな」とも言うわね。
We also say, "Don't say "nice" until you see Nikko."

解説

die a natural death「寿命で死ぬ」、die「死ぬ」の婉曲語で、pass away「亡くなる」と言います。year by year「年々」、on average「平均して」、average life expectancy「平均寿命」、leave a will「遺言を残す」です。

〈発音チェック〉
death「デス」、average「アヴェレヂ」、life expectancy「ライフ エクスペクタンスィ」、leaving a will「リーヴィング ア ウィル」です。

コーヒーブレイク② 外国の街で気をつけたいこと

ドアの開け閉め

　エレベーターの乗り方は知っていますか？　欧米では女性優先、レディファーストなのは知っていますか？　女性がいたら、女性を先に乗せる、女性を先に降ろす、ということです。
　アメリカでこのようなことがありました。アメリカ人男女複数と、知り合いの日本人の男女複数がエレベータに乗って、目的の階に止まり、ドアが開きました。でも誰も降りなかったのです。それは、女性が先に降りるのを待っていたのです。友達の日本人が、ドアの近くにいた日本人女性に、あなた方が先に降りないと他の人が降りないのだよ、と言いました。

トイレ

　公共トイレは、日本と異なります。個室の扉の下の部分が大きく空いていることが多いです。これは利用者の足元が見えるため、中に人が居ることが外から見てわかります。防犯のためのようです。また、トイレットのペーパーホルダーも大きな物が多いです。それに、ペーパーの紙質が粗いですね。
　インドへ行くときにはトイレットペーパーを持っていくといいですよ。安いホテルにはないことがありますから。
　ロンドンの地下鉄の駅にはあまり公共トイレがありません。大きな駅にはありますが、有料です。日本でも有料トイレがありますね。中国に行った人が、トイレの流し方がわからなくて、大きいほうをそのままにして出たそうです。

危険

　駅でのマナーです。台湾では、駅でガムをかんだり、飲み物を飲むだけで、罰金です。シンガポールではガムをかむのは禁止のようですね。
　また、シンガポールでは、薬物持参で死刑になる、ということがあって、国によって罰し方が大きく違うのが怖いですね。

車

　道路標識で、No passing.（ノウ　パスイング）は「通ってはいけない」という意味ではなくて、「追い越し禁止」の意味です。日本人の友達が、通ってはいけないと思って引き返した、と聞きました。
　もう一つ、Yield.（イールド）「譲れ」の標識に気をつけてください。日本人の友達が、小さな道から大きな道に出るところで、この標識を見て、どんな意味だろうと考えているうちに、ドカンと衝突してしまったのです。

Part3 海外編

海外編 ── 飛行機内で
1 座席を聞く　CD-57

基本文型　May I see ～ ?

パスポートを見せてください。	May I see your passport? （メイ アイ スィー ユア パスポート）
チケット (ticket)	May I see your ticket? （メイ アイ スィー ユア ティケト）
搭乗券 (boarding pass)	May I see your boarding pass? （メイ アイ スィー ユア ボーディング パス）

役立つ表現

窓側の席をお願いします。	I'd like a window seat. （アイドライク ア ウィンドウ スィート）
通路側の席をお願いします。	I'd like an aisle seat. （アイドライク アン アイル スィート）
私の席はどこですか？	Where's my seat? （フウェアズ マイ スィート）
ここは私の席だと思うのですが。	I think this is my seat. （アイ スィンク ズィス イズ マイ スィート）
この席は空いていますか？	Is this seat taken? （イズ ズィス スィート テイクン）
ここに座っていいですか？	May I sit here? （メイ アイ スィト ヒア）

会話

A：窓側の席をお願いします。

アイドライク ア ウィンドウ スィート
I'd like a window seat.

B：シートベルトをお締め
　　ください。

ファスン　ユア　　スィートベルト
Fasten your seatbelt,
プリーズ
please.

A：席を替えてもいいですか？

メイ アイ チェインヂ スィーツ
May I change seats?

B：はい、いいですよ。

シュア　　ゴウ　アヘド
Sure, go ahead.

海外編　飛行機内で　① 座席を聞く

解説

「窓側の席」a window seat か、「通路側の席」an aisle seat か聞かれるときがあります。change seats と、複数形で言います。「この席は空いてますか？」は Is this seat taken? ですが、free とも言えます。

〈発音チェック〉
aisle「アイル」と、sは発音しません。seat「シート」ではなくて「スィート」です。同じように seatbelt「スィートベルト」となります。fasten「ファスン」、tは発音しません。passport は「パスポート」のように、「パ」にストレスがあります。ticket は「チケット」ではなくて「ティケト」です。

133

2 飲み物・食べ物（1） CD-58

海外編 —— 飛行機内で

基本文型　I'd like 〜

ビーフをください。
アイド ライク ビーフ
I'd like beef.

チキン（chicken）
アイド ライク チキン
I'd like chicken.

魚（fish）
アイド ライク フィシ
I'd like fish.

役立つ表現

牛肉と鶏肉、どちら？
ビーフ オア チキン
Beef or chicken?

牛肉と鶏肉、どちらがよいですか？
ウヂゥ ライク ビーフ オ チキン
Would you like beef or chicken?

牛肉をお願いします。
ビーフ プリーズ
Beef, please.

油っぽいものは食べません。
アイ ドント ウォント トゥ イート オイリィ フド
I don't want to eat oily food.

すみません、食事を取り損ねました。
イクスキューズ ミー バト アイ ミスト ザ ミール
Excuse me, but I missed the meal.

134

会話

A：牛肉と鶏肉、どちらがよいですか？
ウヂゥ　　　　ライク ビーフ オ
Would you like beef or
チキン
chicken?

B：牛肉をお願いします。
ビーフ　プリーズ
Beef, please.

ワイン一杯いただけますか？
メイ　アイ ハヴ　ア ワイン
May I have a wine, too?

A：かしこまりました。
サ～トゥンリィ　サ～
Certainly, sir.

解説

「牛肉と鶏肉、どちらがよいですか？」Would you like beef or chicken? と聞かれたら、「牛肉/チキンをお願いします。」Beef, please. または、Chicken, please. と答えてください。a wine は a glass of wine という意味です。

〈発音チェック〉
beef は f に気をつけて、「ビーフ」です。chicken「チキン」はほとんど日本語と同じですね。 certainly「サ～トゥンリィ」です。

3 飲み物・食べ物（2） CD-59

海外編 ── 飛行機内で

基本文型　May I have ～ ?

水をください。
メイ　アイ ハヴ　ウォーター
May I have water?

お茶（tea）
メイ　アイ ハヴ　ティー
May I have tea?

コーヒー（coffee）
メイ　アイ ハヴ　コフィ
May I have coffee?

役立つ表現

お飲み物はいかがですか？
ウヂュ　　　　ライク サムスィング
Would you like something
トゥ ドゥリンク
to drink?

飲み物はどんなものがありますか？
フワト　カインド オヴ ドゥリンクス ドゥ
What kind of drinks do
ユ　　ハヴ
you have?

何か飲み物をください。
メイ　アイ ハヴ　サムスィング　　トゥ
May I have something to
ドゥリンク
drink?

アルコールはタダですか？
イズ アルコホ(ー)ル フリー
Is alcohol free?

136

会話

A：お飲み物はいかがですか？
　　ウヂュ　　　　ライク サムスィング
　　Would you like something
　　トゥ ドゥリンク
　　to drink?

B：飲み物はどんなものがありますか？
　　フワト　　カインド オヴ ドゥリンクス ドゥ ユ
　　What kind of drinks do you
　　ハヴ
　　have?

A：コーヒー、紅茶、ジュース…。
　　ウィ　ハヴ　　コフィ　　ティ
　　We have coffee, tea,
　　ジュース
　　juice...

B：コーヒーをいただけますか？
　　メイ　アイ ハヴ　　コフィ
　　May I have coffee?

解説

something to drink は「何か飲む物、飲み物」です。what kind of drink「どんな飲み物」です。free は席が「空いている」の意味と、「タダ、無料」の意味があります。

〈発音チェック〉
water「ウォーター」は、米語では「ワラ」に近く聞こえます。coffee「コーヒー」よりは「コ(ー)フィ」、alcohol「アルコール」ではなく、h を発音して「アルコホ(ー)ル」に近く発音します。would you は「ウドユ」「ウヂュ」となります。

海外編 ── 飛行機内で
④ 毛布などを頼む　CD-60

基本文型　May I have 〜?

毛布をいただけますか？	May I have a blanket? メイ　アイハヴ　ア　ブランケト
枕（a pillow）	May I have a pillow? メイ　アイハヴ　ア　ピロウ
ヘッドセット（a headset）	May I have a headset? メイ　アイハヴ　ア　ヘドセト

役立つ表現

イヤフォンをもらえますか？	May I have earphones? メイ　アイハヴ　イヤフォンズ
日本の新聞をください。	Can I have a Japanese newspaper? キャナイ　ハヴ　ア　ジャパニーズ　ニューズペイパァ
ヘッドフォンが機能しません。	My headphones don't work. マイ　ヘドフォンズ　ドント　ワ〜ク
トイレはどこですか？	Where's the restroom? フウェアズ　ザ　レストルーム
トイレはどこですか？	Where's the lavatory? フウェアズ　ザ　ラヴァトリィ

会話

A：ご用でしょうか？
<ruby>May<rt>メイ</rt></ruby> <ruby>I<rt>アイ</rt></ruby> <ruby>help<rt>ヘルプ</rt></ruby> <ruby>you<rt>ユー</rt></ruby>?
May I help you?

B：毛布をいただけますか？
May I have a blanket?
（メイ　アイ ハヴ　ア ブランケト）

A：お客様、ほかに何か？
Anything else, sir?
（エニスィング　エルス　サ～）

B：枕をいただけますか？
May I have a pillow?
（メイ　アイ ハヴ　ア ピロウ）

解説

「毛布/枕をください。」は May I have a blanket / pillow?「トイレ」は restroom ですが、飛行機のトイレは lavatory と言うようですね。「イアフォン」earphones は複数、「ヘッドセット」headset は単数です。

〈発音チェック〉
blanket「ブランケト」、pillow「ピロウ」、headset「ヘドセト」、earphones「イアフォンズ」、restroom「レストルーム」、lavatory「ラヴァトリィ」ですね。

海外編　飛行機内で　④　毛布などを頼む

1 空港・税関で（1） CD-61

海外編 —— 入国する

基本文型　I'm here ～

観光です。
アイム ヒア　フォ サイトスィーイング
I'm here for sightseeing.

ホームステイ
(for a homestay)
アイム ヒア　フォ ア ホウムステイ
I'm here for a homestay.

休暇
(on vacation)
アイム ヒア　オン ヴェイケイション
I'm here on vacation.

役立つ表現

パスポートを見せてください。	メイ アイ スィー ユア パスポート **May I see your passport?**
入国の目的は何ですか？	フワッツ ザ パ〜ポス オブ ユア ヴィズィット **What's the purpose of your visit?**
仕事、または観光？	ビズネス オ プレジャ **Business or pleasure?**
観光です。	サイトスィーイング **Sightseeing.**
仕事のためです。	アイム ヒア オン ビズネス **I'm here on business.**

会話

A：パスポートを見せて
ください。
メイ　アイ　スィー　ユア　パスポート
May I see your passport?

B：はい。どうぞ。
シュア　ヒア　イト　イズ
Sure. Here it is.

A：入国の目的は何ですか？
フワッ　ザ　パ～ポス　オブ
What's the purpose of
ユア　ヴィズィト
your visit?

B：観光です。
サイトスィーイング
Sightseeing.

解説

May I see your passport? What's the purpose of your visit? は、必ず聞かれる、決まった表現です。答えは簡単に、Sightseeing. と言うだけでいいです。

「ホームステイ」homestay は日本語から借用されたもののようです。

〈発音チェック〉
see は「シー」ではなくて「スィー」、sightseeing は「サイトスィーイング」です。purpose は「パ～ポス」、visit は「ヴィズィト」と言います。business は「ビジネス」ではなくて「ビズネス」、homestay は「ホウムステイ」です。

海外編　入国する ① 空港・税関で (1)

141

2 空港・税関で (2) CD-62

海外編 —— 入国する

基本文型　Have a nice ～

よい日を。	Have a nice day. （ハヴ　ア　ナイス　デイ）
滞在 (stay)	Have a nice stay. （ハヴ　ア　ナイス　ステイ）
旅 (trip)	Have a nice trip. （ハヴ　ア　ナイス　トゥリプ）

役立つ表現

帰りの切符を見せてください。	Can I see your return ticket? （キャナイ　スィー　ユア　リタ〜ン　ティケト）
滞在期間はどのくらいですか？	How long are you going to stay? （ハウ　ロング　ア　ユ　ゴウイング　トゥ　ステイ）
1週間です。	For a week. （フォ　ア　ウィーク）
どこに滞在しますか？	Where are you going to stay? （フウェア　アー　ユ　ゴウイング　トゥ　ステイ）

142

会話

A：何か申告する物は
ありますか？
Do you have anything to declare?
（ドゥ ユ ハヴ エニスィング トゥ ディクレア）

B：いいえ、ありません。
No, nothing to declare.
（ノウ ナスィング トゥ ディクレア）

A：楽しんでください。
Enjoy your stay.
（エンヂョイ ユア ステイ）

B：はい。
Thanks.
（サンクス）

解説

　declare「申告する」、anything to declare「何か申告する物」という意味です。親しみをこめて、Have a nice stay. Enjoy your stay. などと言われることがあります。Thank you./Thanks. と答えればいいでしょう。

〈発音チェック〉
declare「ディクレア」、trip「トゥリプ」、return ticket「リタ〜ン ティケト」です。

コーヒーブレイク③
海外へ

持ち物（持って行くと便利なもの）

① **お茶**
　最近は海外でも和食のお店は多いですが、日本茶をいただけるお店はわずか（味が微妙に違う）です。粉茶を持って行き、ミネラルウォーターに混ぜるとおいしい日本茶がいただけます。風邪・食あたり予防にもなります。ゼリー飲料なども食欲がないときや、風邪気味になったときに便利です。

② **醤油**
　醤油、ソース、麺つゆ、焼き肉のタレ等、好きな調味料を持って行くといいです。海外では醤油がない、または、あっても味が違います。口に合わないと思う食事でも、醤油をかけたら和風味になり、食欲も増します。

③ **マスク、耳栓**
　海外では睡眠が大事になると思いますが、部屋の乾燥、移動中の風邪予防にもなるマスクは便利です。耳栓が飛行機の中での防音にもなります。

④ **写真**
　現地の人とコミュニケーションをとるのは難しいですが、自分の趣味や家族の写真など、日本での生活がわかるものを持参すれば、言葉が足りなくても、少し不自由でも、話題作りに役立ちます。外国の方はほとんど、家族の写真を持ち歩くようですね。

買い物

　外国に行ったら、買い物は必ずするものですね。買い物をするときは値切りましょう。商品の値切りはブランドショップでは難しいですが、値段のついていない物だったら、3分の1から相談していくとよいと思います。

　メキシコのティフアナに行ったときです。スペイン語の国ですが、店の人はかなり日本語ができます。商売ですから日本語を覚えたのでしょう。数字は難しいです。紙に数字を書いて商談です。ベルトを買おうとしたのですが、高いからまけてと言ったのですが、折り合いがつきませんでした。「じゃーいらない」と言って店を出ようとしました。すると、追いかけて来て、「2本で、○○にまける」と言ったので、安い値段で買うことができました。

店

　シドニーでは、夜の6時にはほとんどの店が閉まってしまいました。夜はとても静かでした。外国では、日曜、祭日、場合によっては土曜も、閉まっている店や観光場所などがありますね。日本では24時間営業のスーパー、コンビニも多くて、便利は便利ですね。

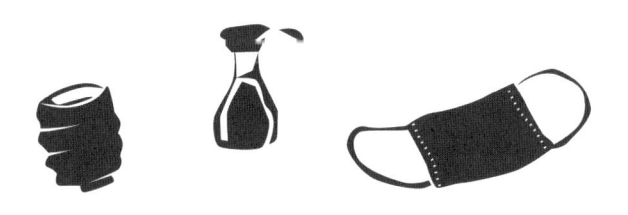

海外編 —— 観光地へ

① 場所を聞く　CD-63

基本文型　Is there ～ ?

この辺りに<u>郵便局</u>はありますか？	イズ ゼア　ア ポスト　オフィス　ニア　ヒア Is there a post office near here?
レストラン （a restaurant）	イズ ゼア　ア レストラント　ニア　ヒア Is there a restaurant near here?
博物館 （a museum）	イズ ゼア　ア ミュズィーアム　ニア　ヒア Is there a museum near here?

役立つ表現

近くに画廊はありますか？	イズ ゼア　アン アート ギャラリィ ニア ヒア Is there an art gallery near here?
近くに劇場はありますか？	イズ ゼア　ア スィアタァ　ニアバイ Is there a theater nearby?
地下鉄の駅はどこですか？	フウェアズ　ザ　サブウェイ ステイション Where's the subway station?
タクシー乗り場はどこですか？	フウェアズ　ザ　タクスィ スタンド Where's the taxi stand?

146

会話

A：近くに劇場はありますか？
　　　　　　　　　　　イズ　ゼア　　ア　スィアタァ
　　　　　　　　　　　Is there a theater
　　　　　　　　　　　ニアバイ
　　　　　　　　　　　nearby?

B：バスで行ったほうがいい
　　ですよ。
　　　　　　　　　　　ユ　　シュド　　テイク　ア　バス
　　　　　　　　　　　You should take a bus.

A：バス停はどこですか？
　　　　　　　　　　　フウェアズ　　ザ　　バス　　スタプ
　　　　　　　　　　　Where's the bus stop?

B：ここから2ブロックです。
　　　　　　　　　　　イッ　トゥ　　ブロクス　　フロム
　　　　　　　　　　　It's two blocks from
　　　　　　　　　　　ヒア
　　　　　　　　　　　here.

解説

「ここの近く」は near here, nearby です。「タクシー乗り場」は taxi stand、「バス乗り場/停留所」は bus stop、「バスターミナル」は bus station、「地下鉄の駅」は subway station です。

〈発音チェック〉
nearby「ニアバイ」、taxi「タクスィ」、subway「サブウェイ」です。
gallery「ギャラリィ」、block「ブラク、ブロク」です。

海外編　観光地へ　①場所を聞く

147

2 乗り物に乗る（1）

海外編 —— 観光地へ

CD-64

基本文型　Where can I ～ ?

タクシーはどこで乗れますか？	Where can I catch a taxi? ウェア　キャナイ　キャチ　ア タクスィ
バス (a bus)	Where can I catch a bus? ウェア　キャナイ　キャチ　ア バス
電車 (a train)	Where can I catch a train? ウェア　キャナイ　キャチ　ア トゥレイン

役立つ表現

これはセントラル駅行きの電車ですか？	Is this the right train to Central Station? イズ ズィス ザ ライト トゥレイン トゥ セントラル ステイション
タクシーを呼んでいただけますか？	Could you call a taxi for me? クヂュ　コール ア タクスィ フォ ミー
どこまでですか？	Where to? フウェア トゥー
このホテルへお願いします。	Please take me to this hotel. プリーズ テイク ミ トゥ ズィス ホテル
おつりはいりません。	Keep the change. キープ ザ チェインヂ

会話

A：タクシーはどこで乗れますか？
ウェア　　キャナイ　キャチ　ア
Where can I catch a
タクスィ
taxi?

B：タクシー乗り場はすぐそこです。
ザ　　タクスィ　スタンド　イズ　オウヴァ
The taxi stand is over
ゼア
there.

A：ありがとう。
サンクス
Thanks.

B：どうも。
シュア
Sure.

解説

「タクシーをつかまえる」は catch a taxi です。 right train は「正しい電車、この電車でいい」の意味で、right は略してもいいです。「どこまでですか？」は Where to?「おつりはいりません。」は Keep the change. です。タクシーの支払い時、チップ込みのつもりです。

〈発音チェック〉
change は「チェンジ」ではなくて、「チェインヂ」です。Central Station「セントラル　ステイション」、hotel「ホテル」です。could you は「クドユ」「クヂュ」となります。

海外編　観光地へ　② 乗り物に乗る(1)

149

3 乗り物に乗る（2）

海外編 —— 観光地へ

CD-65

基本文型　Where do I ～ ?

どこでバスを乗り換えたらいいですか？	Where do I change buses? （フウェアズ　ドゥアイ　チェインヂ　バスィズ）
乗り換えたら（transfer）	Where do I transfer? （フウェア　ドゥアイ　トゥランスファー）
降りたら（get off）	Where do I get off? （フウェア　ドゥアイ　ゲト　オフ）

役立つ表現

料金はいくらですか？	How much is the fare? （ハウ　マチ　イズ　ザ　フェア）
時間はどのくらいかかりますか？	How long does it take? （ハウ　ロング　ダズ　イト　テイク）
次の角を右に曲がってください。	Turn right at the next corner. （タ～ン　ライト　アト　ザ　ネクスト　コーナーァ）
次のバスは何時ですか？	What time is the next bus? （ワト　タイム　イズ　ザ　ネクスト　バス）

会話

A：どこでバスを乗り換えたらいいですか？
フウェアズ ドゥ アイ チェインヂ
Where do I change
バスィズ
buses?

B：3つめのバスストップです。
アトザ サード ストプ
At the third stop.

A：ここで乗り換えたらいいですか？
キャナイ トゥランスファー ヒア
Can I transfer here?

B：はい、そうですよ。
イエス ザツ ライト
Yes, that's right.

解説

　乗物を「乗り換える」時は change buses/ trains のように複数形で言います。バス、電車などを「乗り換える」は transfer（動詞1語）です。third stop は「3つめの停留所、駅」です。get off はバス、電車から「降りる」、fare は「乗車賃」です。

〈発音チェック〉
bus は「バス」、複数形 buses「バスィズ」です。 transfer「トゥランスファ〜」、fare「フェア」です。

海外編　観光地へ　③ 乗り物に乗る(2)

海外編 —— レストランで食事

① 料理を聞く　CD-66

基本文型　Is there ~ ?

良いレストランは
ありますか？
　　　　　イズ ゼア　　ア　グド　　レストラント
　　　　　Is there a good restaurant?

郷土料理店
（a local restaurant）
　　　　　イズ ゼア　　ア ロウカル レストラント
　　　　　Is there a local restaurant?

フランス料理店
（a French restaurant）
　　　　　イズ ゼア　　ア フレンチ　　レストラント
　　　　　Is there a French restaurant?

役立つ表現

予約してあります。	アイ ハヴ ア レザヴェイション I have a reservation.
何名様ですか？	ハウ　メニィ　イン ユア　パーティ How many in your party?
4人です。	ゼア　ア　フォー オヴ アス There are four of us.
今日のおすすめは何ですか？	フワッ　トゥデイズ　スペシャル What's today's special?
何がおすすめですか？	フワト　ドゥ ユ　レコメンド What do you recommend?

152

会話

A：この辺に良いレストランはありますか？
イズ ゼア　ア グド　レストラント
Is there a good restaurant
アラウンド ヒア
around here?

B：はい、郷土料理店がありますよ。
イエス ゼア　イズ ア ロウカル
Yes, there is a local
レストラント
restaurant.

A：予約の必要はありますか？
ドゥ アイ ニード ア レザヴェイション
Do I need a reservation?

B：いいえ、必要ありません。
ノウ イッツ ノト　ネセサリィ
No, it's not necessary.

解説

「郷土料理店があります。」は There is a local restaurant.「予約してあります。」は I have a reservation. お勧め料理を聞くときには、What's today's special?　What do you recommend? と言うといいでしょう。

〈発音チェック〉
local「ロウカル」ですが、「ロウコー」と聞こえます。special「スペシャル」、recommend「レコメンド」です。restaurant は元はフランス語で、「レストラン」ではなくて、「レストラント」です。

海外編 ── レストランで食事

② 注文する　CD-67

基本文型　I'll have ～

ステーキをいただきます。
アイル ハヴ ステイク
I'll have steak.

ワイン
(wine)
アイル ハヴ ワイン
I'll have wine.

コーヒー
(coffee)
アイル ハヴ コフィ
I'll have coffee.

役立つ表現

メニューを見せてください。	メイ アイ スィー ア メニュー プリーズ May I see a menu, please?
ご注文はお決まりですか？	ア ユ レディ トゥ オーダァ Are you ready to order?
食べ物は何にしますか？	ワト ウヂュ ライク トゥ イート What would you like to eat?
冷たい物が飲みたいです。	アイド ライク サムスィング コウルド トゥ I'd like something cold to ドゥリンク drink.
フレンチドレッシングがほしいです。	アイル ハヴ フレンチ ドレスィング I'll have French dressing.

会話

A：ステーキはどのように **How would you like your steak?**
しますか？

レア、ミディアム、 **Rare, medium, or well-done?**
ウェルダン？

B：ミディアムで。 **Medium, please.**

A：かしこまりました。 **Certainly.**

解説

　ステーキの焼き具合を尋ねられます。「ステーキはどのようにしますか？」は How would you like your steak?「レア（生）、ミディアム（中くらい）、ウェルダン（よく焼いた）？」は Rare, medium, or well-done?

〈発音チェック〉
coffee は f に気をつけて「コ（ー）フィー」です。steak は「ステーキ」ではなく、「ステイク」です。rare「レア」、medium「ミィーディアム」、well-done「ウエルダン」です。

海外編　レストランで食事　② 注文する

155

海外編 —— レストランで食事

3 味つけ・量　CD-68

基本文型　It ~ good.

おいし<u>そうですね</u>。
イト ルクス　グド
It looks good.

いい匂い（smell）
イト スメルズ　グド
It smells good.

おいしい（taste）
イト テイスツ　グド
It tastes good.

役立つ表現

おいしいです。
ズィス イズ グド
This is good.

おいしいです。
ズィス イズ ディリシャス
This is delicious.

この牛肉は柔らかいです。
ズィス ビーフ イズ テンダァ
This beef is tender.

この豚肉は固いです。
ズィス ポーク イズ タフ
This pork is tough.

これは甘すぎます。
ズィス イズ トゥー スウィート
This is too sweet.

塩を取ってください。
プリーズ　パス　ミ　ザ　ソールト
Please pass me the salt.

会話

A：おいしそうですね。 　**It looks good.**
〔イト ルクス グド〕

B：この牛肉は柔らかいです。 　**This beef is tender.**
〔ズィス ビーフ イズ テンダァ〕

A：塩を取ってください。 　**Please pass me the salt.**
〔プリーズ パス ミ ザ ソールト〕

B：はい、どうぞ。 　**Sure, here it is.**
〔シュア ヒア イトイズ〕

解説

「おいしい」は good、delicious です。looks good は「おいしそうに見える」、is good は、味わってみて「おいしい」です。肉が「柔らかい」は tender、「固い」は tough と言います。「塩を取ってください。」は Please pass me the salt. です。

〈発音チェック〉
tender は「テンダァ」、tough は「タフ」、delicious「ディリシャス」、taste「テイスト」、tastes「テイスツ」です。

海外編 —— レストランで食事

④ 支払い　CD-69

基本文型　I'll pay by ～

現金で払います。　**I'll pay by cash.**
アイル ペイ バイ キャシ

カード　**I'll pay by credit card.**
（credit card）
アイル ペイ バイ クレディト カード

トラベラーズチェック　**I'll pay by traveler's checks.**
（traveler's checks）
アイル ペイ バイ トゥラヴェラーズ チェクス

役立つ表現

お会計をお願いします。	**Check, please.**（チェク プリーズ）
別会計でお願いします。	**Separate checks, please.**（セパレト チェクス プリーズ）
割り勘にしましょう。	**Let's go Dutch.**（レツ ゴウ ダチ）
私のおごりです。	**I'll treat you.**（アイル トゥリート ユー）
店のおごりです。	**It's on the house.**（イツ オン ザ ハウス）
領収証をいただけますか？	**Can I have a receipt, please?**（キャナイ ハヴ ア リスィート プリーズ）

会話

A：お会計をお願いします。　**Check, please.**
（チェク　プリーズ）

B：お支払いはどのように？　**How will you pay?**
（ハウ　ウィル　ユ　ペイ）

A：カードで払います。　**I'll pay by credit card.**
（アイル ペイ バイ クレディト カード）

B：ここにサインをお願いします。　**Please sign here.**
（プリーズ　サイン　ヒア）

解説

「勘定、会計」は check（米）、bill（英）です。「カード/トラベラーズチェックで払う」は pay by credit card/ traveler's checks 、また「現金で」は pay by/in/with cash で、前置詞を略してもいいです。sign は動詞で「署名する、サインする」です。 Let's go Dutch.「割り勘で行く」は、オランダ人に対しては差別的なので、Let's have separate checks. と言うといいでしょう。

〈発音チェック〉
cash は「キャシュ」よりは「キャシ」、credit は「クレジット」よりは「クレディト」に近いです。bill は「ビル」ですが、「ビウ」に近い発音です。ビールと間違われることがあるようです。

コーヒーブレイク④ 食事をするとき

レストランなどで注文するとき

　食べ物、飲み物の注文がちゃんと通じないことがあります。よくある笑い話です。ビールを注文したのに、勘定書きが来た、という話です。「ビール」(beer) を「ビル」(bill、勘定書き) と聞き間違えられたのでしょう。同じように、「チェック」(check) と言ったら、「チキン」(chicken) が出てきたという話もあります。

　もう一つ。アイスクリームの注文です。これが何と、なかなか通じないんだそうです。「ヴァニラ」(vanilla) と言っても通じない。「バナナ」「チョコレート」「ストロベリー」、とんでもないのが出てくるそうです。でも「ノー」と言えない日本人、英語が通じないので、それで我慢するんですね。

　日本人の英語の先生方の研修会で、この話をしたところ、やっぱり通じなかったそうです。それで、どうしましたかと聞いたら、その先生は注文をあきらめたそうです。英語の先生ですよ。

食事のマナー

　食事のときに音を立てないようにしましょう。ヨーロッパのあるレストランで、日本人のグループがスパゲッティーを音を出して食べ始めたら、周りの人がびっくりして一斉に日本人のグループを見たそうです。

　また、コーヒーやお茶（ティー）を飲むときには、音を出してすすらないようにしましょう。日本では、そば、うどん、ラーメンなど、音を立てて食べるのは何ともない、それが普通ですよね。ですが、最近は音を立てないように、そっと食べる人が結構いますね。

食事のときには、お皿を持ち上げないほうがいいですね。茶碗やお皿を持って食べる習慣のある私たちは、ついお皿を持ち上げてしまいがちです。

　こんな話があります。ロンドン滞在中、ホテルで朝食をとっているときに、ついお皿を持ってしまいました。すると、周りで食事をしていた人たちのおしゃべりが止み、視線が集中しました。

チップ

　チップは、15〜20パーセントがいいですね。レストランでの食事のあと、タクシーを降りるときなどです。レストランでは、食事代の20パーセントくらいでしょうか。

　チップはテーブルに置くか、レジで払うか、どちらかです。チップは担当してくれたウエイター、ウエイトレスの収入になります。ですから、サービスが気に入ったら多めに、そうでなかったら少なめに、ということになります。

　また、チップはサービス込みという喫茶店、レストランもありますので、ガイドに聞くか、店の人に聞くといいですね。フランスではチップ込みでした。サービス込みはレシートに書いてあります。

海外編 —— ショッピング

① 商品を探す　CD-70

基本文型　I'm looking for ～

ネクタイを探しています。
アイム ルキング　フォ　ア タイ
I'm looking for a tie.

シャツ
(a shirt)
アイム ルキング　フォ　ア シャ〜ト
I'm looking for a shirt.

靴
(shoes)
アイム ルキング　フォ シューズ
I'm looking for shoes.

役立つ表現

いらっしゃいませ。	メイ　アイ ヘルプ ユー May I help you?
何をお探しですか？	フワト ア ユ　ルキング　フォー What are you looking for?
見ているだけです。	アイム ジャスト ルキング I'm just looking.
何をお求めですか？	フワト ア ユ　ゴウイング トゥ バイ What are you going to buy?
買い物に行きましょう。	レツ　ゴウ ショピング Let's go shopping.
何を買いたいのですか？	フワト ドゥ ユ　ウォント トゥ バイ What do you want to buy?

会話

A：ご自由にご覧ください。
Feel free to look around.
フィール フリー トゥルク アラウンド

B：妻へのプレゼントを探しています。
I'm looking for a present for my wife.
アイム ルキング フォ ア プレゼント
フォ マイ ワイフ

バッグはどこで買えますか？ **Where can I buy a bag?**
フウェア キャナイ バイ ア バグ

プレゼント用に包装してもらえますか？ **Would you gift-wrap it?**
ウヂュ ギフトラプ イト

解説

「いらっしゃいませ。」May/ Can I help you? と言います。まだ何を買うか決めてないときは、「見ているだけです。」I'm just looking. と言うといいです。ネクタイは tie ということが普通です。「プレゼント用に包装する」は gift-wrap です。

> 〈発音チェック〉
> tie は「タイ」、shirt は「シャツ」ではなくて、口を狭くして「シャ～ト」、複数 shirts は「シャツ」ではなく、「シャ～ツ」です。gift-wrap「ギフト ラプ」と言います。

海外編 ショッピング ① 商品を探す

163

海外編 —— ショッピング

2 試着する　CD-71

基本文型　How do you like ~ ?

このスーツはいかがですか？	How do you like this suit?（ハウ ドゥ ユ ライク ズィス スート）
帽子（hat）	How do you like this hat?（ハウ ドゥ ユ ライク ズィス ハト）
スカート（skirt）	How do you like this skirt?（ハウ ドゥ ユ ライク ズィス スカ〜ト）

役立つ表現

これを試着してよいですか？	Can I try this on?（キャナイ トライ ズィス オン）
ご試着はいかがですか？	Would you like to try it on?（ウヂュ ライク トゥ トライ イト オン）
試着室は向こうです。	The fitting room is over there.（ザ フィティング ルーム イズ オウヴァ ゼア）
自分の服のサイズを知りません。	I don't know what size I wear.（アイ ドントノウ フワト サイズ アイ ウェア）
よく似合っていますよ。	This really suits you.（ズィス リーアリィ スーツ ユー）

164

会話

A：これを試着してよい
　　ですか？
キャナイ トライ ズィス オン
Can I try this on?

B：試着室はこちらです。
ザ　　フィティング ルーム イズ オウヴァ ヒア
The fitting room is over here.

A：どうかしら？
ハウ　ドゥ アイ ルク
How do I look?

B：お似合いです。
イト ルクス　グド　　オン ユー
It looks good on you.

海外編　ショッピング　② 試着する

解説

　wear は「身につけている、着ている」状態、put on は「着る」動作を表します。try on は「試しに着る、試着する」です。fitting room は「試着室」です。dressing room（米）、または changing room（英）とも言います。

〈発音チェック〉
suit は「スーツ」でなくて、正しくは「スート」です。イギリス英語では「スユート」となります。suit は s がつくと、「スーツ」と言います。fitting「フィティング」です。skirt は口を狭くして「スカ～ト」と言います。

3 サイズ・色・デザイン CD-72

海外編 —— ショッピング

基本文型　I like ～

その<u>色</u>が好きです。　　アイ ライク ザ カラァ
I like the color.

デザイン（the design）　アイ ライク ザ ディザイン
I like the design.

生地（the fabric）　アイ ライク ザ ファブリク
I like the fabric.

役立つ表現

これのサイズはいくつですか？
フワト サイズ イズ ズィス
What size is this?

あなたのサイズはおいくつですか？
フワト サイズ ア ユー
What size are you?

違うサイズはありますか？
ドゥ ユ ハヴ ディファレント サイズィズ
Do you have different sizes?

これの色違いはありますか？
ドゥ ユ ハヴ ズィス イン ディフェレント カラァズ
Do you have this in different colors?

これの赤いのはありますか？
ドゥ ユ ハヴ ズィス イン レド
Do you have this in red?

166

会話

A：このスカートは長すぎます。 **This skirt is too long.**
ズイス スカート イズ トゥー ローング

短くしてもらえますか？ **Could you shorten it?**
クヂュ　　　　ショートゥン イト

ゆるすぎます。 **It's too loose.**
イト トゥー ルース

B：今度はピッタリですね。 **Now it fits perfectly.**
ナウ イト フィッツ パ～フェクトゥリィ

解説

　short は「短い」、shorten は動詞で「短くする」です。fabric は「生地」です。「ゆるすぎる」は It's too loose. です。lose は動詞「なくす」で、loose は形容詞「ゆるい」です。

〈発音チェック〉
shorten は「ショートゥン」、fabric「ファブリク」、loose は「ルーズ」ではなくて「ルース」で、lose は「ルーズ」です。perfectly「パ～フェクトゥリィ」です。design は「デザイン」よりは「ディザイン」に近いです。

海外編　ショッピング ③ サイズ・色・デザイン

167

海外編 —— ショッピング

④ 支払い CD-73

基本文型　Can I～?

値引きをしてくれませんか？
キャナイ ゲト ア ディスカウント
Can I get a discount?

1割引き
(a ten-percent discount)
キャナイ ゲト ア テン パセント ディスカウント
Can I get a ten-percent discount?

高齢者割引き
(a senior's discount)
キャナイ ゲト ア スィーニャズ ディスカウント
Can I get a senior's discount?

役立つ表現

これをください。	アイル テイク ズィス **I'll take this.**
いくらですか？	ハウ マチ イズ イト **How much is it?**
いくらですか？	ハウ マチ ダズ イト コースト **How much does it cost?**
それは高すぎです。	ザツ トゥー エクスペンスィヴ **That's too expensive.**
値引きしてください。	クヂュ ギヴ ミ ア ディスカウント **Could you give me a discount?**

168

会話

A：これはいくらですか？
How much is this?
（ハウ　マチ　イズ　ズィス）

B：100ドルです。
It's one hundred dollars.
（イッ　ワン　ハンドレド　ダラーズ）

A：もう少し安くなりませんか？
Can you make it a little cheaper?
（キャン　ユ　メイク　イトアリトル　チーパァ）

B：95ドルではどうですか？
How about ninety-five?
（ハウ　アバウト　ナインティ　ファイヴ）

解説

「これください。」は I'll take this. です。take は buy「買う」と同じです。discount は「値引、割引」で、Discount, please. でもいいです。「これはいくらですか？」は How much is this? または、How much does this cost? と言います。

〈発音チェック〉
discount「ディスカウント」、cheaper「チーパァ」です。percent は「パーセント」ではなくて「パセント」で、アクセントの位置にも気をつけてください。

海外編　ショッピング ④ 支払い

169

海外編 ── ホテルで

1 チェックイン・チェックアウト(1) CD-74

基本文型　I'd like ～

部屋をお願いします。
アイ ドライク ア ルーム
I'd like a room.

１人部屋
(a single room)
アイ ドライク ア スィングル ルーム
I'd like a single room.

２人部屋
(a double room)
アイ ドライク ア ダブル　　ルーム
I'd like a double room.

役立つ表現

予約をしてあります。	アイ ハヴ ア レザヴェイション **I have a reservation.**
予約をしたいのですが。	アイド ライク トゥ メイク ア レザヴェイション **I'd like to make a reservation.**
今晩、部屋は空いていますか？	ドゥ ユ ハヴ ア ルーム フォ **Do you have a room for** トゥナイト **tonight?**
どんなタイプの部屋がいいですか？	フワト カインド オヴ ルーム ウド **What kind of room would** ユ ライク **you like?**
日本語を話せる人に代わってください。	クヂュ ファインド サムワン **Could you find someone** フー キャン スピーク ジャパニーズ **who can speak Japanese?**

170

会話

A：空いている部屋はありますか？
ドゥ ユ ハヴ エニ ルームズ
Do you have any rooms
アヴェイラブル
available?

B：何日間お泊まりですか？
フォ ハウ メニィ ナイツ
For how many nights?

A：3日間です。
フォ スリー ナイツ
For three nights.

B：どんなタイプの部屋がいいですか？
フワト カインド オヴ ルーム ウド
What kind of room would
ユ ライク
you like?

解説

I want の丁寧な言い方で、「I'd like ＋名詞」でほしい物、必要な物が言えます。For how many nights? For three nights. のように、完全な文でなくて、必要な部分だけで言えます。Three nights. だけでもいいです。

〈発音チェック〉
available は「アヴェイラブル」と言います。single は「シングル」ではなくて、「スィングル」と言います。available、single、double など、語尾のlは「ウ」に近く、「アヴェイラブウ、スィングウ、ダブウ」と聞こえます。

海外編 ホテルで ① チェックイン・チェックアウト (1)

171

海外編 ── ホテルで

2 チェックイン・チェックアウト(2) CD-75

基本文型　I'd like to ～

チェックインしたいです。	アイドライクトゥチェック イン **I'd like to check in.**
チェックアウト （check out）	アイドライクトゥチェック アウト **I'd like to check out.**
もう一泊 （extend my stay）	アイド ライク トゥ イクステンド マイステイ **I'd like to extend my stay.**

役立つ表現

チェックインは何時ですか？	フワト　タイム イズ チェックイン **What time is check-in?**
チェックアウトは何時ですか？	フワト　タイム イズ チェックアウト **What time is check-out?**
ここにサインしてください。	ウド　ユ　サイン ユア **Would you sign your** ネイム　ヒア **name here?**
もう一泊してもいいですか？	キャナイ ステイ ワン　モア **Can I stay one more** ナイト **night?**

会話

A：予約してあります。
アイ ハヴ ア レザヴェイション
I have a reservation.

チェックインは何時ですか？
フワト タイム イズ チェックイン
What time is check-in?

B：4時です。
フォ オクロク
Four o'clock.

この用紙にご記入ください。
プリーズ フィル イン ズィス フォーム
Please fill in this form.

解説

　check in は「チェックインする」、check out は「チェックアウトする」という動詞表現で、check-in、check-out が名詞表現、check-in time と形容詞的にも使われます。fill in（英）/ out（米）a form は「用紙に記入する」という意味です。

> 〈発音チェック〉
> 動詞表現 check in は「チェック<u>イン</u>」、名詞表現 check-in は「<u>チェッ</u>クイン」とストレスを置きます。動詞 reserve は「リザ〜ヴ」、名詞 reservation は「レザヴェイション」と発音します。

海外編　ホテルで ② チェックイン・チェックアウト(2)

3 ルームサービス

海外編 —— ホテルで

CD-76

基本文型　I'd like 〜

ルームサービスを
お願いします。
　　　アイ ド ライク ルーム　サーヴィス
　　　I'd like room service.

ランドリー
（laundry service）
　　　アイ ド ライク ラーンドゥリー サーヴィス
　　　I'd like laundry service.

モーニングコール
（a wake-up call）
　　　アイ ド ライク ア ウェイク アップ コール
　　　I'd like a wake-up call.

役立つ表現

こちらルームナンバー123です。
　　　ズィス イズ ルームナンバァ ワン トゥー スリー
　　　This is room number 123.

お客様、ルームサービスです。
　　　ルーム　　サーヴィス　サ〜
　　　Room service, sir.

シャンパンを1本ください。
　　　アイ ド ライク ア ボトゥル オヴ
　　　I'd like a bottle of
　　　シャンペイン
　　　champagne.

食べ放題のレストランがあります。
　　　ゼアズ　　アン オール ユ キャン イート
　　　There's an all-you-can-eat
　　　レストラント
　　　restaurant.

会話

A：ランドリーをお願いします。
アイドライク ラーンドゥリィ サーヴィス
I'd like laundry service.

B：コインランドリーは地下にあります。
ザ　　コイン ラーンドゥリィ イズ
The coin laundry is
ダウンステアズ
downstairs.

A：モーニングコールをお願いします。
アイドライク ア ウェイク アップ コール
I'd like a wake-up call.

B：かしこまりました。
サ～トゥンリィ
Certainly.

何時にいたしますか？
フワト　タイム　ウド
What time would
ユ　　ライクトゥ ウェイク アプ
you like to wake up?

解説

a wake-up call は日本語の「モーニングコール」に相当します。wake up は「起こす」ですね。certainly は sure と同じく、「わかりました、かしこまりました」という意味です。all-you-can-eat は「食べ放題の」です。

〈発音チェック〉
laundry は「ラ ンドゥリィ、ローンドゥリィ」と発音します。certainly は「サ～トゥンリィ」です。「サ～（トゥ）ンリィ」に近く、「サ～ンリィ」と聞こえます。

海外編　ホテルで　③ルームサービス

175

海外編 ── ホテルで
④ 部屋などについての希望 (1) CD-77

基本文型 The ~ doesn't work.

テレビがつきません。	ザ ティーヴィー ダズント ワ~ク **The TV doesn't work.**
ドライヤーが作動しません。 (the dryer)	ザ ドゥライア ダズント ワ~ク **The dryer doesn't work.**
エアコンが作動しません。 (the air conditioner)	ズィ エア コンディショナァ ダズント ワ~ク **The air conditioner doesn't work.**

役立つ表現

どうしましたか？	フワッツ ローング **What's wrong?**
インターネットを使いたいです。	アイドライク トゥ ユース ズィ インタネト **I'd like to use the Internet.**
テレビが壊れています。	ザ ティーヴィー イズ ブロウクン **The TV is broken.**
トイレが流れません。	ザ トイレト ダズント フラシ **The toilet doesn't flush.**
部屋が暑すぎます。	ザ ルーム イズ トゥー ハト **The room is too hot.**

176

会話

A：もしもし。
Hello.
（ヘロウ）

こちらは901号室です。
This is room 901.
（ズィス イズ ルーム ナインゼィロワン）

B：はい、お客様。
Yes, ma'am.
（イェス マム）

何でしょう？
What's wrong?
（フワツ ローング）

A：テレビが壊れています。
The TV is broken.
（ザ ティーヴィー イズ ブロークン）

B：すぐに伺わせます。
We'll send someone up right now.
（ウィル センド サムワン アプ ライト ナウ）

解説

　自分の部屋は、This is room 901. などと言います。I am とは言いません。「テレビが壊れている」は The TV is broken.「トイレが流れない」は The toilet doesn't flush. などと言います。Internet/ internet のように最近は小文字も見かけます。

〈発音チェック〉
Internet は「インタネット」と、ストレスは始めにあります。901 は「ナインオウワン、ナインゼィロワン」と言います。「テレビ」TV は「ティーヴィー」です。air conditioner は「エア　コンディショナァ」です。

海外編　ホテルで　④部屋などについての希望⑴

海外編 —— ホテルで

5 部屋などについての希望 (2) CD-78

基本文型　I'd like to ～

電話を使いたいです。 I'd like to use the phone.
（アイドライクトゥ ユーズ ザ フォウン）

電話をかけたい（make a call） I'd like to make a call.
（アイドライクトゥ メイク ア コール）

伝言を残したい（leave a message） I'd like to leave a message.
（アイドライクトゥ リーヴ ア メセヂ）

役立つ表現

電話はどのように使ったらいいですか？	How do I use the phone?（ハウ ドゥ アイ ユーズ ザ フォウン）
もしもし。斎藤幸子です。	Hello. This is Saito Yukiko.（ハロウ ズィス イズ サイトウ ユキコ）
何番でしょうか？	May I have the number, please?（メイ アイ ハヴ ザ ナンバァ プリーズ）
緊急時には911に電話してください。	Call 911 for an emergency.（コール ナイン ワン ワン フォ アン イマ〜ヂェンスィ）

178

会話

A：日本にコレクトコールを
かけたいです。
アイドライク トゥ メイク ア コレクト
I'd like to make a collect
コール トゥ ヂャパン
call to Japan.

B：何番でしょうか？
メイ アイ ハヴ ザ ナンバァ
May I have the number,
プリーズ
please?

A：03-345-9876です。
ズィロウ スリー スリー フォ ファイヴ
ナイン エイト セヴン スィクス
03-345-9876.

B：電話を切らずにお待ち
ください。
プリーズ ホウルド ザ ライン
Please hold the line.

解説

　telephoneを短くして、phoneと言います。「電話をかける」はmake/place a callと言います。電話の時はThis is Saito Yukiko.と言って、I amとは言いません。911は米国で警察・消防署・救急車を呼び出すための電話番号です。

> 〈発音チェック〉
> phone「フォウン」で、phはfの音です。緊急の時の番号911は「ナインワンワン」です。message「メセヂ」、emergency「イマ〜ヂェンスィ」です。

海外編　ホテルで ⑤ 部屋などについての希望 ⑵

1 持病・症状

海外編 —— 体調について

CD-79

基本文型　I'm ～

具合が悪いです。
アイム スィク
I'm sick.

熱があります。(feverish)
アイム フィーヴァリシ
I'm feverish.

アレルギーがあります。(allergic)
アイム アラ〜ヂク
I'm allergic.

役立つ表現

気分がすぐれません。
アイ ドウント フィール ウェル
I don't feel well.

指を切ってしまいました。
アイ カト マイ フィンガァ
I cut my finger.

よく眠れません。
アイ キャント スリープ ウェル
I can't sleep well.

時差ぼけです。
アイ ハヴ ヂェト ラグ
I have jet lag.

卵アレルギーがあります。
アイム アラ〜ヂク トゥ エグズ
I'm allergic to eggs.

ここが痛みますか？
ダズ　　ズィス ハ〜ト
Does this hurt?

180

会話

A：どうしましたか？ **What's the matter?**
フワッ ザ マター

B：よく眠れません。 **I can't sleep well.**
アイ キャント スリープ ウェル

A：時差ぼけでしょう。 **You must have jet lag.**
ユ マスト ハヴ ヂェトラグ

B：ああ、そうですか。 **Oh, I see.**
オゥ アイ スィー

解説

「熱」は fever、「熱がある」は形容詞 feverish です。「アレルギー」は allergy (複数 allegies)、「アレルギーがある」は形容詞 allergic です。have/ suffer from jet lag は「時差ぼけである」です。

〈発音チェック〉
fever「フィーヴァ」、feverish「フィーヴァリシ」、allergy「アラヂィ」、allergies「アラヂィズ」、allergic「アラ〜ヂク」です。jet lag「ヂェトラグ」です。

2 薬を求める

海外編 —— 体調について

CD-80

基本文型　Where's 〜 ?

薬局はどこにありますか？	**Where's a drugstore?** フウェアズ　ア ドゥラグストア
スーパー (a supermarket)	**Where's a supermarket?** フウェアズ　ア スーパーマーケット
コンビニ (a convenience store)	**Where's a convenience store?** フウェアズ　ア コンヴィニエンス　ストア

役立つ表現

薬局はすぐそこにあります。	**The drugstore is just over there.** ザ　ドゥラグストア　イズ ジャスト　オウヴァ ゼア
どこで薬が買えますか？	**Where can I buy medicine?** フウェア　キャナイ バイ　メデスン
この薬を飲みたいです。	**I'd like to take this medicine.** アイド ライク トゥ テイク ズィス　メデスン
この薬はいつ飲んだらいいですか？	**When should I take this medicine?** フェン　シュド　アイ テイク ズィス　メデスン

182

この薬はよく効きますよ。	**This medicine will do you good.** ズィス メデスン ウィル ドゥ ユ グド
大人用のおむつはありますか？	**Do you have diapers for adults?** ドゥ ユ ハヴ ダイアパァズ フォ アダルツ

会話

A：処方箋をあげますね。	**I'll give you a prescription.** アイル ギヴ ユ ア プリスクリプション
B：この薬をどのように飲んだらいいですか？	**How do I take this medicine?** ハウ ドゥ アイ テイク ズィス メデスン
A：食後1日3回この薬を飲んでください。	**Take this medicine three times a day after meals.** テイク ズィス メデスン スリー タイムズ ア デイ アフタァ ミールズ

解説

薬局は drugstore（米）「ドゥラグストァ」、pharmacy（英）「ファマスィ」と言います。風邪薬などでも、アメリカの薬局では処方箋 prescription がないと買えません。「薬を飲む」は take medicine です。

〈発音チェック〉
動詞 prescribe「プリスクライブ」、名詞 prescription「プリスクリプション」です。medicine「メデ（ィ）スン」です。

海外編 体調について ② 薬を求める

海外編 ── 体調について

3 病院へ行く　CD-81

基本文型　Take me to ～

病院に連れて行ってください。
テイク　ミ　トゥ　ザ　ハスピトゥル
Take me to the hospital.

クリニック
(the clinic)
テイク　ミ　トゥ　ザ　クリニク
Take me to the clinic.

歯医者
(the dentist)
テイク　ミ　トゥ　ザ　デンティスト
Take me to the dentist.

役立つ表現

病院はどこにありますか？
フウェアズ　ア ハスピトゥル
Where's a hospital?

私にお医者さんを呼んでください。
クヂュ　　　　コール ア ダクタァ　フォ　ミー
Could you call a doctor for me?

これは緊急事態です。
ズィス イズ アン イマ～ヂェンスィ
This is an emergency.

救急車を呼んでください。
プリーズ　　コール アン アンビュランス
Please call an ambulance.

どこが具合が悪いですか？
フワト　　スィームズ トゥ ビ　ザ　プラブレム
What seems to be the problem?

184

会話

A：先生、どこが悪いのでしょうか？
ダクタァ　フワツ　ローング　ウィズ　ミー
Doctor, what's wrong with me?

B：体温を測ります。
アイル テイク ユア　テンペレチャ
I'll take your temperature.

A：私は高血圧なんです。
アイ ハヴ ハイ　ブラッド　プレシァ
I have high blood pressure.

B：処方箋をあげましょう。
アイウィル ギヴ ユ　ア　プリスクリプション
I will give you a prescription.

解説

「先生、看護婦さん」などの呼びかけは、doctor、nurse です。「どこが悪いの？」は What's wrong with me?「熱を測る」は take your temperature、「高／低血圧」は high / low blood pressure です。「緊急」は emergency、「救急車」は ambulance です。

〈発音チェック〉
emergency は「イマ〜ヂェンスィ」、ambulance は「アンビュランス」です。pressure は「プレシァ」、temperature は「テンペレチャ」です。clinic は「クリニク」、dentist「デンティスト」です。

海外編 ── トラブル
1 持ち物を紛失した　CD-82

基本文型　I lost 〜

パスポートをなくしました。
アイ ロースト マイ パスポート
I lost my passport.

切符 (ticket)
アイ ロースト マイ ティケト
I lost my ticket.

お金 (money)
アイ ロースト マイ マニィ
I lost my money.

役立つ表現

財布をなくしました。
アイ ロースト マイ ワレト
I lost my wallet.

カメラをなくしました。
アイ ロースト マイ キャメラ
I lost my camera.

カバンが見あたらない。
アイ キャント ファインド マイ バグ
I can't find my bag.

メガネを探しています。
アイム ルキン　フォ マイ グラスィズ
I'm looking for my glasses.

携帯電話が盗まれた。
マイ セル フォウン ワズ ストゥルン
My cell phone was stolen.

何をなくしましたか？
フワト ディド ユ ルーズ
What did you lose?

186

会話

A：何をなくしましたか？
　　フワト　ディドユ　ルーズ
What did you lose?

B：カバンが見あたらないんです。
　　アイ キャント ファインド マイ バグ
I can't find my bag.

遺失物取扱所はどこですか？
　　フウェアズ　ザ　ロスト アンド ファウンド
Where's the lost and found?

A：このビルの後ろです。
　　イッ ビハインド　ズィス ビルディング
It's behind this building.

解説

現在形 lose、過去形 lost です。the lost-and-found (office)（遺失物取扱所）のようにハイフンをつける（英）、つけない（米）の表現があります。「携帯電話」は cellular phone、または、cell phone、mobile phone（英）と言います。

〈発音チェック〉
lose「ルーズ」、lost「ロ（ー）スト」です。lost and found「ロ（ー）ストアン（ド）ファウンド」です。wallet は「ワレト」です。cell「セル」、cellular「セリュラァ」です。mobile「モウバイル、モウビ（ー）ル、モウフル」です。

海外編　トラブル ① 持ち物を紛失した

海外編 —— トラブル

② 盗難・スリにあった CD-83

基本文型　My 〜 was stolen.

カバンが盗まれました。	My bag was stolen. マイ　バグ　ワズ　ストゥルン
スーツケース（suitcase）	My suitcase was stolen. マイ　スートゥケイス　ワズ　ストゥルン
時計（watch）	My watch was stolen. マイ　ワチ　ワズ　ストゥルン

役立つ表現

カメラが盗まれました。	My camera was stolen. マイ　キャメラ　ワズ　ストゥルン
ハンドバッグが盗まれました。	My handbag was stolen. マイ　ハンドゥバグ　ワズ　ストゥルン
盗難にあいました！	I've been robbed! アイヴ ビン　ロブド
部屋に入られました。	Someone broke into my room. サムワン　ブロウク イントゥマイ ルーム
スリに気をつけて！	Look out for pickpockets! ルク　アウト フォ ピクポケツ
スリに気をつけて！	Beware of pickpockets! ビウェア　オヴ ピクポケツ

188

会話

A：盗難にあいました！　**I've been robbed!**
　　　　　　　　　　　アイヴ ビン　ロブド

B：どうしましたか？　**What happened?**
　　　　　　　　　　　フワト　ハプンド

A：部屋に入られました。　**Someone broke into my room.**
　　　　　　　　　　　　サムワン　　ブロウク イントゥ マイ　ルーム

警察をすぐに呼んでください。　**Call the police at once.**
　　　　　　　　　　　　　　　コール ザ　ポリース　アト ワンス

解説

rob は「暴力を用いて物を奪う」という意味です。break into「押し入る、侵入する」です。「〜に気をつけて」は look out for、beware of と言います。pickpocket は「スリ」です。

〈発音チェック〉
rob、robbed は「ロブ、ロブド」です。break、broke は「ブレイク、ブロゥク」です。police は「ポリス」ではなくて、「ポリース」です。pickpocket「ピクポケト」です。

海外編 ── トラブル

3 道・場所を聞く　CD-84

基本文型　Where's ～ ?

警察署はどこですか？ **Where's the police station?**
フウェアズ　ザ　ポリース　ステイション

郵便局 (the post office) **Where's the post office?**
フウェアズ　ザ　ポウスト オフィス

トイレ (the rest room) **Where's the rest room?**
フウェアズ　ザ　レスト ルーム

役立つ表現

バス停留所はどこですか？	**Where is the bus stop?** フウェア　イズ ザ　バス　スタプ
どこで切符を買えますか？	**Where can I buy a ticket?** フウェア　キャナイ バイ　ア ティケト
どこで車を借りられますか？	**Where can I rent a car?** フウェア　キャナイ レント　ア カー
どうやって博物館に行けますか？	**How can I go to the museum?** ハウ　キャナイ ゴウ トゥ ザ　ミューズィアム
駅までの道を教えてください。	**Could you tell me the way to the station?** クヂュ　テル ミ　ザ ウェイ　トゥ ザ　ステイション

190

会話

A：お願いがあるのですが。 Could you do me a favor?
（クヂュ ドゥ ミ ア フェイヴァ）

B：はい。 Sure.
（シュア）

A：郵便局はどこですか？ Where's the post office?
（フウェアズ ザ ポウスト オフィス）

B：駅の近くですよ。 It's near the station.
（イッ ニア ザ ステイション）

解説

Sure. は「はい」と気軽な答えです。do me a favor は「お願いがある」です。場所を聞いて、「必ず見つかります」You can't miss it. という言い方です。rent a car は「レンタカー／車を借りる」です。

〈発音チェック〉
favor は「フェイヴァ」です。museum は「ミューズィアム」です。
post office「ポウスト オフィス」で、「ポスト」ではありません。

海外編 —— トラブル

④ 困ったとき (1) CD-85

基本文型　I'm ～

道に迷いました。	I'm lost. （アイム　ロースト）
締め出されました。 （locked out）	I'm locked out. （アイム ロクト　アウト）
ガス欠になりました。 （out of gas）	I am out of gas. （アイアム アウト オヴ ギャス）

役立つ表現

道に迷いました。	I lost my way. （アイ ローストマイ ウェイ）
部屋にカギを忘れてきました。	I left the key in my room. （アイ レフト ザ キー　イン マイ ルーム）
締め出されました。	I locked myself out. （アイ ロクト　マイセルフ アウト）
カギナカ、ワタシソト。 （緊急英語）	Key inside, me outside. （キー　インサイド ミ　アウトサイド）
ここはどこですか？	Where am I? （フウェア　アム アイ）
この地図のどこにいますか？	Where am I on this map? （フウェア　アム アイ オン ズイス マプ）

会話

A：部屋にカギを忘れてきました。
アイ レフト ザ キー イン マイ ルーム
I left the key in my room.

B：わかりました。
シュア
Sure.

一緒に来てください。
カム ウィズ ミ
Come with me.

はい、開きました。
ヒア ユ アー
Here you are.

A：どうも。
サンクス
Thanks.

解説

締め出されたときは「部屋のカギを忘れてきた」I left the key in my room. I'm locked out. と言ってください。でも、きちんとした英語で言えないときは、「カギナカ、ワタシソト（緊急英語）」Key inside, me outside. ではどうですか？

〈発音チェック〉
現在形 leave「リーヴ」、過去形 left「レフト」です。lock「ロク」、locked「ロクト」で、「ロクド」ではありません。Thank you. と同じ意味で、Thanks.「サンクス」と「ス」をつけます。

5 困ったとき（२）

海外編 ── トラブル

CD-86

基本文型　Tell me the way to ～

警察署へ行く道を教えてください。
テル ミ ザ ウェイ トゥ ザ ポリース ステイション
Tell me the way to the police station.

ガソリンスタンド (the gas station)
テル ミ ザ ウェイ トゥ ザ ギャス ステイション
Tell me the way to the gas station.

このホテル (this hotel)
テル ミ ザ ウェイ トゥ ズィス ホテル
Tell me the way to this hotel.

役立つ表現

助けてください。
キャニュ ヘルプ ミー
Can you help me?

ここに駐車してもいいですか？
キャナイ パーク ヒア
Can I park here?

事故にあいました。
アイ ハド アン アクスィデント
I had an accident.

日本大使館へ行く道を教えてください。
テル ミ ザ ウェイ トゥ ザ ヂャパニーズ エンバスィ
Tell me the way to the Japanese Embassy.

会話

A：ガソリンスタンドへ行く道を教えてください。
Please tell me the way to the gas station.
プリーズ テル ミ ザ ウェイトゥ ザ ギャス ステイション

B：どうしましたか？
What's the matter?
フワッツ ザ マター

A：タイヤがパンクしました。
I had a flat tire.
アイ ハドア フラト タイア

B：この番号に電話してみてください。
Call this number.
コール ズィス ナンバァ

解説

「タイヤがパンクした」は I had a flat tire. と言います。「ガソリンスタンド」は和製英語で、英語では gasoline を略して gas station と言います。イギリスでは petrol station です。filling station, service station とも言います。

〈発音チェック〉
flat は「フラト」、flat tire は「フラト　タイア」。gas は「ギャス」と言います。petrol は「ペトゥロウル」、filling は「フィリング」、service は「サ～ヴィス」です。Embassy は「エンバスィ」です。

6 困ったとき（3） CD-87

海外編 ── トラブル

基本文型　Will you ～ ?

タクシーを呼んでください。
ウィル ユ　コール ア タクスィ
Will you call a taxi?

救急車
(an ambulance)
ウィル ユ　コール アン アンビュランス
Will you call an ambulance?

警察
(the police)
ウィル ユ　コール ザ　ポリース
Will you call the police?

役立つ表現

ここから出ていけ！	ゲト　アウト オヴ ヒア **Get out of here!**
火事！	ファイア **Fire!**
緊急事態！	イマ～ヂェンスィ **Emergency!**
スリだ！	ピクポケト **Pickpocket!**
泥棒だ！	スィーフ **Thief!**
捕まえて！	キャチ　ハー **Catch her!**

会話

A：火事だ！　　　**Fire!** (ファイア)

B：助けて！　　　**Help!** (ヘルプ)

C：助けて！　　　**Help me!** (ヘルプ ミー)

D：気をつけて！　**Watch out!** (ワチ アウト)

解説

　困ったときは、とっさの一言ですね。「火事だ！」Fire!「助けて！」Help! Help me! です。「彼女/彼を捕まえて！」は Catch her/ him!「気をつけて！」は Watch out! と言います。

〈発音チェック〉
watch out「ワチアウト」、pickpocket「ピクポケト」、thief「スィーフ」です。police は「ポリス」ではなくて「ポリース」です。

海外編　トラブル ⑥ 困ったとき(3)

コーヒーブレイク⑤ ホテルなどで気をつけたいこと

ホテルの部屋のカギ

部屋のカギが自動的に閉まってしまうのに注意しましょう。カギを持たないで部屋を出て、ドアのカギが閉まって、締め出しを食った人は少なからず、いるようですね。かくいう私もその一人です。

昔々、初めてアメリカに行ったときです。一人旅をして、YMCAに泊まりました。シャワーに入ろうと思って、バスタオル一丁で、外の共同シャワー室に行こうとしました。部屋の外に出たら、ドアが「バタン」と閉まって、カギがかかってしまいました。ドアは自動でした。

それで、あわてて、1階のフロントまで、エレベーターで行って、「締め出された」と言いました。そうしたら、「各階に電話があるので、フロントまで来る必要はなかった」と言われました。「今度からそうします」と言いました。

スリ、盗難

スリ、置き引きなどの盗難には気をつけましょう。残念ながら、外国に行ったら、「人を見たら泥棒と思え」は本当です。多くの人が被害にあっています。私自身も身近に経験しました。

私の例では、アメリカに行ったとき、学生がレストランに入って、自分の椅子の背もたれにバッグをかけておいたのですが、いつの間にか、そのバッグを取られてしまいました。

それから、足元に荷物を置いておいて、目をそらしていたら、いつの間にか荷物を取られた、置き引きの被害にあったという話があります。

　海外では、道の真ん中でガイドブックを広げないことです。旅行者ということがわかってしまって、スリなどの危険があります。どうしても確認したいときは、人の通りを避けて、建物の陰などで見てください。

　ヨーロッパ圏では、泊まった部屋で物を出したままにしないことです。すべてトランクに入れ、鍵をかけておくことが大切です。メイドが盗難をすることがあります。

　枕の下に、メイド宛にチップを置く人がいます。私は置きません。何泊も泊まるならば、置く人がいるかもしれません。

索 引

あ
挨拶　116、117
空いている部屋　171
秋　72、108
足　38、40
足首をねんざした　40
暖かい　64
頭　34
頭を打った　40
暑い　72
兄　14
油っぽいもの　134
甘すぎる　156
雨　64、66、68、70
嵐　64、68
ありがとう　18
アルコール　136
アレルギー　36、42、180

い
胃　48
いいですよ　33
いい天気　70
胃がむかむかする　48
いくらですか？　168
遺失物取扱所　187
医者　46、47、110、184
痛い　38
1年生　86
一番好き　51
1割引き　168
一杯　135
犬　112、113
イヤフォン　138
色　166
色違い　166

インターネット　176
インフルエンザ　36

う
ウェルダン　155
後ろ　187
歌う　97
海　73、106
うらやましい　53
うれしい　14
運動　32、33

え
エアコン　176
映画　28、103
英語の勉強　23
駅　190
駅の近く　191
遠視　42

お
おいしい　156
おいしそう　156
お金　186
お気の毒　24
起きる時間　80
遅れて　21
お悔やみ　25
おごり　158
おすすめ　152
遅く　77
お互いに　52
お茶　136
おつり　148
弟　14
お隣　116
お腹が痛い　34
お似合い　165

お願い　191
お飲み物　136
お花見　107
お風呂　97
お見合い　56
おめでとう　22、31
面白い　99
降りる　150
音楽　84
温泉　96

か

会計　158
会社　78、79、80
回転寿司　51
買い物　26
帰りの切符　142
顔色が良くない　44
カギを忘れる　192
火事　196
ガス欠　192
風邪　34、35、44
家族　30、60、61
ガソリンスタンド　194
肩こり　36
学校　84
飼っている　112
ガーデニング　114
カード　158
カバン　186
花粉症　36
雷　66、70
カメラ　186
火曜日　82
カラオケ　96
画廊　146
かわいい　113
観光　140
看護士　110

感謝　18
ガンで死ぬ　124

き

切符　186、190
気分が悪い　35
気持ちがよい　70
休暇　140
救急車　46、184、196
旧姓　62
牛肉　134、156
兄弟　61
郷土料理店　152
今日のおすすめ　152
きれい　106
気をつけて　41、114、188
近眼　42
緊急事態　184、196
銀行　88
近所　116

く

具合が悪い　32
具合はどう　39
くしゃみ　37
薬　37、44、182
靴　162
クビになった　90
首をひねった　40
クラシック音楽　28
クリニック　184
車を借りる　190

け

警察　189
警察署　190
携帯電話　186
けが　21
劇場　146
結婚　22、54、55、57
結婚式　54、122

201

月曜日　82、83
ゲートボール　28
下痢　36
元気？　12、13
現金で　158
検査　46

こ

恋した　52
コインランドリー　175
合格　22
高血圧　185
紅茶　137
高齢者割引き　168
午後　76
午前　76
腰　34
ご主人　12
子育て　120
ご注文　154
こちら　165
子供　58、60
この辺りに　146
コーヒー　136
コレクトコール　179
転んで　40
壊れている　177
今週末　16、98
今度一緒に　53
今晩　170
コンビニ　116、182

さ

サイズ　164、166
財布　119、186
探す　162
魚　134
咲く　72
桜　72、73、106、107
酒　47

寂しい　25
寒い　64
参加する　110、111、124
残念　24、125
散歩　26、112

し

～時　74
幸せ　31
塩　156
時間　78
時間通り　82
四季　73
自己紹介　14
仕事　88、91、140
事故　21、194
時差ぼけ　180
試着室　164
試着する　164
自転車　84
締め出される　192
シートベルト　133
芝居　102
支払い　159
～時半　74
シャンパン　174
ジュース　137
主婦　30
姉妹　61
趣味　28
寿命で　126、127
商社　88
ショーに行く　102
食後　183
食欲　50
処方箋　183
署名　89
書類　89
知り合った　53

202

申告する物　143
新婚旅行　56、57
神社　102
診断　47
じんましん　36

す

水泳　32、100
好き　26、50、97、166
すき焼き　50
すぐに　16
すごい　29
寿司　50、51
スタンプ　89
スーツケース　188
スーパー　182
スポーツ　100、108
すみません　20
住む　30
相撲　98
座っていい　132
スリ　188

せ

正確　78
成長が早い　121
席　132
席を替える　133
咳が出る　34
セットする　81
背中　38
専業主婦　62

そ

葬儀に参加する　125
葬儀を行う　124
それでは　16

た

退院した　48
体温　35、185
大学　22

滞在　142
滞在期間　142
体重　100
大丈夫　49
退職する　118
大好き　26、98
台風　70
大変　21、75
タイヤがパンク　195
高すぎる　168
タクシー乗り場　146
タクシーを呼ぶ　196
助けて　194、197
タダ　136
楽しい　104、107
旅　142
食べ放題　174
食べ物　154
打撲した　40
誕生日　83

ち

チェックアウト　172
チェックイン　172
違うサイズ　166
血が出ている　41
地下　175
地下鉄の駅　146
チケット　132
地震　110
地図　192
注射　46
駐車する　194
昼食　16
虫垂炎　48
弔辞を述べる　125
調子はどう　33
朝食　80

203

つ

通路側の席　132
捕まえて　196
疲れて　42、44、45
次の角　150
次のバス　150
都合がいい　88
妻　163
冷たい物　154
釣り　26、98

て

手　38
手がしびれている　38
手首をひねった　40
デザイン　166
手助けをする　110
手伝う　19
テレビ　28、176、177
天気予報　68
電車　79、82、84
寺　102
展覧会　102
電話　20、178
電話する　195
伝言を残したい　178

と

〜度　68
トイレ　138、176
搭乗券　132
盗難　188
糖尿病　36
読書　26
独身　30
時計　78、188
時計が遅れている　78
年をとる　118
友達　96
土曜日　16

ドライヤー　176
トラベラーズチェック　158
鶏肉　134
泥棒　196

な

ナイフ　41
長生き　127
仲良し　117
夏　72、98
名前　62
何歳　120
何時　74、75、77
何日　82、83
何日間　171
何曜日　82

に

日曜日　82
日射病　36
日本　73、96
日本語を話せる人　170
日本大使館　194
日本の新聞　138
入院する　48
入院中だ　48
入学　22
入国の目的　140
庭の手入れ　114
妊娠している　58

ぬ

盗まれました　188

ね

ネクタイ　162
値引き　168
熱がある　34
熱を測る　46
寝坊　80
眠い　42
年金　118

年金で暮らす　118

の

のどが痛い　34
飲みに行く　91
飲み物　136、137
乗り換える　150

は

歯　34
肺ガン　124
歯医者　48、184
墓参り　124
吐き気　42
バス停　147
パスポート　132、140、186
花見　72、106
ハネムーン　123
払う　158
春　72、107
晴れて　64
ハンドバッグ　188

ひ

ひざ　40
美術館　102
ピッタリ　167
１人部屋　170
ビーフ　134
病院　88、184
ビル　187

ふ

服　164
豚肉　156
２人部屋　170
不眠症　36
冬　32
フランス料理店　152
プレゼント　18、163
風呂　96、97
ブロック　147

～分　74

へ

別会計　158
ペット　112、113
ヘッドフォン　138
部屋　170
便秘　48

ほ

帽子　164
ホームステイ　140
ボケ　118
保険会社　88
ホテル　148
ボランティア活動　110、111
本屋　116

ま

枕　138
孫　120
待ち遠しい　83
待つ　18
窓側の席　132
間に合った　78

み

見合い結婚　56、122
水　136
ミディアム　155
耳　34、38
見舞い　48
名字　62

む

向こう　164
難しい　81

め

目　38
目薬　39
目覚まし時計　80
メニュー　154
目まい　42

205

も

もう一泊　172
申し訳ありません　20
盲腸炎　48
盲腸の手術　49
毛布　138
モーニングコール　174

や

野球　98
火傷した　40
安らかに　25
薬局　182

ゆ

遺言　126
結納　123
郵便局　146
雪　64、68、69

よ

用紙に記入　173
夜中　74
呼ぶ　15
予約　152、170
喜んで　110
よろしく　14

ら

来週　16

ラーメン　26
ランドリー　174

り

離婚している　30
料金　150
両親　124
領収証　158
料理　26
旅行代理店　88

る

ルームサービス　174

れ

レア　155
レストラン　51、146
恋愛結婚　56、122

ろ

老化の兆候　119
老人ホーム　110、111

わ

ワイン　135
忘れた　119
忘れっぽくなる　119
私のおごり　158
割り勘　158

著者
野田哲雄（のだ・てつゆう）

新潟大学卒業、ハワイ大学大学院修了、ペンシルベニア州立インディアナ大学大学院博士課程修了。元東京学芸大学名誉教授。元小学校英語教育学会会員、元外国語教育学会会長、元全国英語教育学会副会長、元関東甲信越英語教育学会名誉会長、元大学英語教育学会会員。

〈著書〉『ヒアリングに強くなる100日コース』（英文朝日）、（分担執筆）『アメリカ英語に強くなる』（創元社）、『現代英語音声学』（英潮社フェニックス）、『現代英語教育の理論と実践』（聖文社）、『学校教育の「なぜ」に答える』（学校図書）。『英語ヒアリング特訓本』『これならできる！初めてのヒアリング　ヒアリングに挑戦』『ゼロからスタート！英語ヒアリング特訓本』（以上、アルク）

〈英語テキスト編集〉『Improve Your Listening Skills』（北星堂）

〈学校用教科書編集〉『Viva English I – II』（第一学習社）、『Total English NewEdition 1 – 3』（学校図書）

〈英語辞書編集・発音校閲〉『New Victory Anchor（ニュー・ヴィクトリー・アンカー英和辞典）』『New Junior Anchor（ニュー・ジュニア・アンカー英和・和英辞典）』『AccessAnchor（アクセスアンカー英和辞典）』（以上、学研）

●企画・編集協力
野村出版研究所（野村隆生）

CD BOOK　60才からはじめる英会話

2012年 7月30日 初版発行
2025年 7月12日 第48刷発行

著者	野田哲雄
発行者	石野栄一
発行	明日香出版社

〒112-0005 東京都文京区水道2-11-5
電話 03-5395-7650
https://www.asuka-g.co.jp

カバーデザイン	明日香デザイン室（末吉喜美）
本文イラスト	qanki
印刷・製本	株式会社フクイン

©Tetsuyu Noda 2012 Printed in Japan
ISBN 978-4-7569-1562-7
落丁・乱丁本はお取り替えいたします。
内容に関するお問い合わせは弊社ホームページ（QRコード）からお願いいたします。

60代、ひとりの時間を心ゆたかに暮らす

岸本 葉子

60代になると「健康、美容、家族、お金」などの不安や悩みもいろいろあります。年を重ねると、ひとりの時間が長くなっていきます。身のまわりをすっきりさせてシンプルに、これからの「自分の時間、ひとりの時間」を楽しむためのヒント集。60代は「第2のスタート」、前向きな気持ちになれる一冊。

本体価格 1,450円＋税　B6並製　184ページ
ISBN4-7569-2324-0　2024.05発行

日本語で理解する英文法

川村 健治

本書では、まず2つの日本語の文を比較します。例えば「電車が到着した」と「電車が到着している」の違いは、日本人には分かります。次に、この2つの文を英語に訳します。それぞれの意味・ニュアンスが分かるので、2つの英文の微妙な違いも分かります。「日本語の例文」から「英語の文法」を理解できるようになる一冊。

本体価格 2,200円＋税　並製　488ページ
ISBN978-4-7569-2108-6　2020.08発行

まるっとわかる！中学英語の基本のきほん

曽根 典夫

中学英語のポイントを「10章×10項目」にまとめ、それぞれ易しめの英文からスタートします。筑波大学附属高校で教えている現役の先生が中学英語の大事なところをイチからわかりやすく解説。基本文型を理解し、基本単語も一緒に覚えることができます。英語がニガテな人も理解できる一冊です。

本体価格 1,600円＋税　A5並製　256ページ
ISBN978-4-7569-2342-4　2024.07発行

中学3年分の英文法が10日間で身につく〈コツと法則〉

長沢 寿夫

中学で習う英文法のポイントを「100の法則」にまとめました。各項目の一つ一つをわかりやすく解説し、きちんと理解できているかどうか、そのつど練習問題を解いてみて、確認しながら読み進めていくことができます。この1冊で中学英語の文法の基礎が身につきます。

本体価格 1,300円＋税　B6並製　224ページ
ISBN978-4-7569-1320-3　2009.08発行

高校3年分の英文法が10日間で身につく〈コツと法則〉

長沢 寿夫

高校3年間で習う英文法の大事なところを「100の法則」にまとめました。『中学3年分の英文法』を読んだ方が次のステップとして読める内容です。（見開き2ページ構成で、左ページが文法説明、右ページが確認ドリル）。『中学英文法』と『高校英文法』の2冊で、中高6年間で習う英文法の基礎が身につきます。

本体価格 1,400円＋税　B6並製　232ページ
ISBN978-4-7569-1351-7　2009.12発行